Manuel Andrack
Auf den Spuren einer Idee

Herausgeber: Deutsche Friedrich-Wilhelm-Raiffeisen-Gesellschaft e. V.,
c/o Westerwald Bank eG, Volks- und Raiffeisenbank, Neumarkt 1–5, 57627 Hachenburg

1. Auflage 2018

© Deutsche Friedrich-Wilhelm-Raiffeisen-Gesellschaft e. V., Weyerbusch 2018

  Das Werk einschließlich seiner Teile ist urheberrechtlich geschützt. Jede Verwertung außerhalb der engen Grenzen des Urheberrechtsgesetzes ist ohne Zustimmung des Herausgebers unzulässig und strafbar. Das gilt insbesondere für Vervielfältigungen, Übersetzungen, Mikroverfilmungen und die Einspeicherung und Verarbeitung in elektronischen Systemen.

Die Hinweise, Ratschläge und Wertungen sind von dem Autor und dem Herausgeber sorgfältig erwogen und geprüft, dennoch kann eine Garantie nicht übernommen werden. Eine Haftung des Autors bzw. des Herausgebers und seiner Beauftragten für Personen-, Sach- und Vermögensschäden ist ausgeschlossen.

Bibliografische Information der Deutschen Nationalbibliothek: Die Deutsche Nationalbibliothek verzeichnet diese Publikation in der Deutschen Nationalbibliografie; detaillierte bibliografische Daten sind im Internet über http://dnb.dnb.de abrufbar.

Volksbanken und Raiffeisenbanken können dieses Werk unter der Artikelnummer 718935 beim DG VERLAG unter www.genobuy.de bestellen. Im Buchhandel kann dieses Werk unter der ISBN 978-3-00-060693-9 bestellt werden.

Gestaltung, Satz und Produktion: KOMPAKTMEDIEN Agentur für Kommunikation GmbH, Pappelallee 78/79, 10437 Berlin
Druck und Verarbeitung: Görres-Druckerei und Verlag GmbH, Niederbieberer Straße 124, 56567 Neuwied
ISBN 978-3-00-060693-9

www.raiffeisen-tour.de • www.raiffeisen2018.de • info@raiffeisen2018.de

Manuel Andrack

AUF DEN SPUREN EINER IDEE

Die Raiffeisen-Tour 2018 – Manuel Andrack entdeckt Genossenschaften in Deutschland

Vorwort

Liebe Leserin, lieber Leser,

22,6 Millionen – so viele Menschen in Deutschland sind begeistert von der Genossenschaftsidee, die sich mit Friedrich Wilhelm Raiffeisen verbindet. Gemeinsam zu wirtschaften, sich selbst zu helfen und Verantwortung für sich und die Gemeinschaft zu übernehmen, all das streben immer mehr Menschen an. Die Genossenschaftswelt ist spannend, modern und facettenreich. Von A wie Apothekergenossenschaft bis Z wie Zweiradgenossenschaft, von Agrargenossenschaften über Brauerei-, Digital-, Energie-, Finanz-, Konsum-, Medien-, Schüler- bis hin zu Wohnungsbau- und Zahnärztegenossenschaften – in jedem Wirtschaftszweig und Lebensbereich nehmen Menschen in Genossenschaften ihr Schicksal in die eigenen Hände. Die starke Idee Raiffeisens hat eine beeindruckende Vielfalt und Verbreitung erfahren, und immer mehr Menschen bekennen sich zu ihr, weil diese Idee Antworten auf die großen Fragen unserer Zeit geben kann.

Um die genossenschaftliche Vielfalt zu entdecken, hat die Deutsche Friedrich-Wilhelm-Raiffeisen-Gesellschaft im Raiffeisen-Jahr 2018 den Moderator und Autor Manuel Andrack auf eine Reise durch ganz Deutschland geschickt. Auf seiner Raiffeisen-Tour 2018 entdeckte er Genossenschaften zwischen Bad Tölz im Süden und Bad Segeberg im Norden, Straelen im Westen und Delitzsch im Osten. Überall traf er auf unterschiedliche Traditionen, Menschen und

Genossenschaften, die alle eines gemeinsam haben: Die starke Idee von Friedrich Wilhelm Raiffeisen bildet die Grundlage ihrer Arbeit.

Andrack wurde im Verlauf seiner Reise selbst vom Raiffeisen-Berichterstatter zum Raiffeisen-Fan und Genossenschaftler. Wie genau das geschah, sehen und lesen Sie auf den folgenden Seiten. Sie geben einen einzigartigen Einblick in eine Welt, die sich immer wieder neu erfindet und von jedem von uns neu entdeckt werden kann. Seine Eindrücke, Einblicke und Erlebnisse hat Andrack online unter www.raiffeisen-tour.de und in diesem Buch veröffentlicht. Auch Sie können damit auf Entdeckungsreise gehen und sich von der starken Idee Friedrich Wilhelm Raiffeisens begeistern lassen. Ich wünsche Ihnen eine anregende und inspirierende Lektüre.

Werner Böhnke
Vorsitzender der Deutschen
Friedrich-Wilhelm-Raiffeisen-Gesellschaft

Westerwald im Herbst 2018

Die Raiffeisen-Tour 2018

Dieses Selfie habe ich nach einer Wanderung durch das Weinanbaugebiet der Nahe gemacht. Im Tal liegt der Ort Langenlonsheim – dort habe ich Deutschlands größten Lieferanten für Winzerbedarf besucht, eine der ersten Stationen meiner Raiffeisen-Tour 2018. In meinem Weinglas wird die Landschaft an Nahe und Rhein wie unter einem Mikroskop vergrößert. Und genauso habe ich 2018 Raiffeisens Welt unter die Lupe genommen. An diesem Tag hatte ich keine Ahnung, dass ich im Hochsommer zum Sonnenaufgang die genossenschaftlichen Milchkühe auf einer Alm im Schwarzwald besuchen würde. Ich wusste damals nicht, dass man Raiffeisens Leben biografisch im Westerwald erwandern kann: auf dem Westerwaldsteig zu seinem Geburtsort nach Hamm und seinen ersten Bürgermeisterstationen in Flammersfeld und Weyerbusch. Ich hatte keinen blassen Schimmer, dass ich in Bayern freihändig Trecker fahren würde und im Münsterland das Tandemfahren so anstrengend ist. Ich ahnte nicht, dass ich einen Anteil der Brauereigenossenschaft in Oberhaching erwerben würde und dass ich vom Berichterstatter zum Genossenschafts-Fan würde. Viele Genossenschaftler in ganz Deutschland überraschten mich mit netten Geschenken für meinen Wanderrucksack – davon werde ich in diesem Buch erzählen. An der Nahe startete mein Experiment, deutsche Genossenschaften und Landschaften wie unter einem Brennglas zu betrachten.

30. März 1818 – 11. März 1888

Am 11. März 2018 startete im Kurfürstlichen Schloss in Mainz meine Raiffeisen-Tour 2018. Warum am 11. März? Das Geburtsdatum von Friedrich Wilhelm Raiffeisen, der 30. März 1818, fiel 200 Jahre später auf einen Karfreitag. Dieser Tag ist bekanntlich dem Gedenken an einen anderen Wohltäter der Menschheit reserviert. Also entschloss sich die Deutsche Friedrich-Wilhelm-Raiffeisen-Gesellschaft, den Festakt in Mainz auf den Todestag des Genossenschaftsgründers (11. März 1888) zu legen – auch ein rundes Jubiläum! Die Veranstaltung fand in der Landeshauptstadt Mainz statt, da die wesentlichen Stationen im Leben und Wirken von Raiffeisen im Westerwald zu verorten sind – also im heutigen Rheinland-Pfalz. Daher ließ es sich die Landesmutter Malu Dreyer nicht nehmen, anlässlich dieses Festakts im Kurfürstlichen Schloss die Verdienste von Raiffeisen zu würdigen. Es war eine sehr hochkarätig besetzte Veranstaltung. Von Schülergenossenschaften bis zu den Präsidenten der großen Genossenschaftsverbände gab sich die Crème de la Crème der Genossenschaftswelt ein Stelldichein. Und bei den Gesprächen am Buffet mit einem Genossenschaftswein in der Hand hatte ich das Gefühl, dass es sich tatsächlich um eine große Genossenschaftsfamilie handelt. Und in den nächsten Monaten sollte ich einigen „Familienmitgliedern", die ich in Mainz getroffen hatte, wieder begegnen.

Der Raiffeisen-Turm

Auf meinen zahlreichen Zugfahrten quer durch Deutschland habe ich schon viele Raiffeisen-Türme gesehen. An kleinen Bahnhöfen im ländlichen Raum findet man sie, meistens versehen mit dem grünen Schriftzug „Raiffeisen" und den charakteristisch gekreuzten Pferdeköpfen. Aber diese Raiffeisen-Silos sind keine richtigen Türme, zumindest kann man sie nicht besteigen und auch nicht wie Rapunzel den Zopf hinunterlassen. Aber im nördlichen Westerwald, auf dem Hügel Beulskopf, steht ein richtiger Raiffeisen-Turm, ein Aussichtsturm. Die Lebensumstände von Friedrich Wilhelm Raiffeisen haben ihn immer wieder in den Westerwald geführt. Von seinem Geburtsort Hamm an der Sieg über Weyerbusch und Flammersfeld kann man eine fast gerade Linie bis zu seinem letzten Lebensort Heddesdorf am Rhein ziehen, quer durch den Westerwald. Und diesen Westerwald kann man vom Raiffeisen-Turm aus sehr gut überblicken. Ich hatte mich im Rahmen meiner Raiffeisen-Tour Mitte März mit einer Wandertruppe verabredet, um vom Beulskopf zu Raiffeisens Geburtsort Hamm an der Sieg zu wandern. Auf dem Raiffeisen-Turm stellte ich fest, dass im Westerwald mit Minusgraden nicht zu spaßen ist. Der berühmte Westerwälder Wind blies mir sibirische Kälte um die Ohren. Aber diese Märzkälte war nichts gegen das, was die bäuerliche Bevölkerung des Westerwalds Mitte des 19. Jahrhunderts ertragen musste.

W wie Wilhelm

An der Frage, ob Friedrich Wilhelm Raiffeisen gewandert ist, scheiden sich die Geister. Wegen seines Augenleidens aus dem Jahr 1843 ist es unwahrscheinlich, dass er in seiner Zeit als Bürgermeister im Westerwald wanderte. Andererseits ist belegt, dass er für seine Kumpels vom Verein Euterpia in Winningen an der Mosel Wanderfahrten organisiert hat. Da wird er ja wohl auch mitgewandert sein. Auf jeden Fall hat er seine spätere Frau bei einer Wanderung zur Ehrenburg kennengelernt. Fakt ist auch, dass der Westerwaldsteig ein großartiger Wanderweg ist. Ein sogenannter Qualitätsweg, das heißt abwechslungsreiche Ausblicke, viel Natur, schöne Wege, großer Wanderspaß! Über 235 Kilometer schlängelt sich der Westerwaldsteig von Bad Hönningen am Rhein bis ins hessische Herborn. Man kann zum Beispiel auch von der ersten Bürgermeisterstation Raiffeisens in Weyerbusch zur zweiten Bürgermeisterstation Raiffeisens in Flammersfeld auf dem Westerwaldsteig wandern. Und auch der Weg vom Raiffeisen-Turm auf dem Beulskopf bis zum Kloster Marienthal ist ein Teilstück des Westerwaldsteigs. Zu unserem Ziel Hamm an der Sieg, Raiffeisens Geburtsort, ist es dann nicht mehr weit. Entscheidend für einen Qualitätsweg ist die exzellente Markierung. Im Rahmen des Raiffeisen-Jahres wurde der Westerwaldsteig in Friedrich-WILHELM-Steig umbenannt. Daher die Markierung mit einem „W".

Der 30. März 1818

Am 30. März 1818 wurde Friedrich Wilhelm Raiffeisen in Hamm an der Sieg zwischen Siegburg und Siegen geboren. In seinem Geburtshaus befindet sich heute in der Lindenallee 3 das Romantik-Hotel „Alte Vogtei". Der Vater von Raiffeisen war Johann Gottfried Friedrich Raiffeisen. Er war 36 Jahre alt, als sein Kind Friedrich Wilhelm geboren wurde. Der Vater des Genossenschaftsgründers war Bürgermeister in Hamm, Friedrich Wilhelm hat also sozusagen die Bürgermeistergene in die Wiege gelegt bekommen. Allerdings endete die Karriere von Vater Raiffeisen mit einer Amtsenthebung. Es war zu Unregelmäßigkeiten während seiner Amtsführung gekommen, wie Raiffeisen-Biograf Michael Klein berichtet. Hat sich Raiffeisen vielleicht später besonders angestrengt, den Bürgermeisterjob ehrlicher, erfolgreicher, positiver zu gestalten? Die Mutter von Raiffeisen hieß Amalia Christina Susanna Maria Raiffeisen. Friedrich Wilhelm war das siebte ihrer neun Kinder. Noch heute erinnert eine Gedenktafel an der „Alten Vogtei" an die Geburtsstätte. Ob man im „Romantik-Hotel" romantisch übernachten kann, kann ich nicht beurteilen. Das Raiffeisen-Bier der „Alten Vogtei" schmeckt auf jeden Fall hervorragend. Für meinen Raiffeisen-Tour-Wanderrucksack bekam ich ein Fünf-Liter-Fass geschenkt. Ein Prosit auf den 30. März 1818.

Das Deutsche Raiffeisenmuseum

Am 30. März 1818 wurde Friedrich Wilhelm Raiffeisen in Hamm an der Sieg zwischen Siegburg und Siegen geboren. In seinem Geburtshaus befindet sich heute in der Raiffeisenstraße 10 das Deutsche Raiffeisenmuseum. Nach längerer Renovierungsphase wurde das Museum im Herbst 2018 wiedereröffnet. Zu sehen sind unter anderem der Schreibtisch, die Brille und die Heimorgel von Raiffeisen. Sehr beeindruckend ist die Totenmaske, die uns den Genossenschaftsgründer physisch näherbringt. Wenn Sie eine Seite zurückblättern, werden Sie feststellen, dass das Deutsche Raiffeisenmuseum schon das zweite Geburtshaus Raiffeisens in Hamm ist. Zwei Gedenktafeln, zwei Geburtshäuser, Respekt! Das erinnert mich an eine Geschichte, die mir mein Schwager Harald erzählt hat. Harald wohnt in Salzburg und in dieser Stadt gibt es anscheinend auch das Mehrere-Geburtshäuser-Phänomen: Zwei Salzburger Örtlichkeiten wetteifern um das Privileg, der Geburtsort Wolfgang Amadeus Mozarts zu sein. Die zahlreichen Touristen aus aller Welt scheint das nicht zu stören, aber was sagen die Salzburger dazu? Nun, es wird gemutmaßt, dass die Mutter von Mozart während der Wehen immer wieder das Haus gewechselt hat. Diese Erklärung für die zwei Geburtshäuser schließe ich im Falle Raiffeisens aus.

And the Oscar goes to ...

18. März 2018. Festgottesdienst in der evangelischen Kirche von Hamm. Hier wurde Friedrich Wilhelm getauft und konfirmiert. Raiffeisen hat schon in jungen Jahren eine christliche Prägung erfahren, vor allem durch seinen Patenonkel und Pfarrer Georg Seippel. Vielleicht hat Friedrich Wilhelm Raiffeisen mit dem Gedanken gespielt, Pfarrer zu werden. Immerhin waren zwanzig seiner männlichen Vorfahren Theologen. Eigentlich sensationell, dass Raiffeisen jetzt predigt. 200 Jahre nach seiner Geburt steht er unverkennbar – schwarzer Gehrock, dunkler Schnauzbart, gescheiteltes Haar, Brille – an der Kanzel. Viele markante Sätze Raiffeisens muss man gar nicht umschreiben, sie passen eins zu eins in den Kontext einer Kirchenpredigt. Der Darsteller des Raiffeisen heißt Manfred Geldsetzer. Der Gag ist: Herr Geldsetzer ist kein professioneller Schauspieler, der für viel Geld nach Hamm (Sieg) eingeflogen wurde. Er ist wie Raiffeisen in der evangelischen Kirche von Hamm getauft und konfirmiert worden, genau an dem Ort, an dem er jetzt predigt. Nach dem Festgottesdienst zu Ehren Raiffeisens habe ich mir Manfred Geldsetzer geschnappt und erst einmal ein Selfie mit ihm gemacht, das ist üblich, wenn man einen Star trifft. Ich denke auch, dass spätestens nach dem Jubiläumsjahr die Zeit reif wäre für einen Spielfilm oder eine TV-Serie über Leben und Wirken Raiffeisens. Ich würde mir das gerne anschauen, aber nur wenn Manfred Geldsetzer die Hauptrolle spielt.

Wo alles begann

Am Ortseingang von Weyerbusch im Westerwald steht das Schild: „Hier begann F. W. Raiffeisen". Diese Ankündigung ist eigentlich unvollständig, man könnte sie folgendermaßen ergänzen: „Hier begann F. W. Raiffeisen, ein Backhaus zu bauen", „Hier begann F. W. Raiffeisen, Schulen zu bauen" oder „Hier begann F. W. Raiffeisen, eine Straße zu bauen". Vor allem aber begann in Weyerbusch die Karriere Raiffeisens als Bürgermeister. Anfang 1845 trat er seine Stelle in Weyerbusch an. Sein Verantwortungsgebiet umfasste insgesamt 25 Dörfer. Wie jeder moderne (Kommunal-)Politiker erkannte er früh den überragenden Stellenwert der Bildung für die Not leidende Bevölkerung. Weil, so Raiffeisen in seinen eigenen Worten, „der beste Kampf gegen die Armut eine gute Schulbildung der Jugend ist". Dieser Satz gilt noch heute, weltweit. Perspektivisch hatte Raiffeisen einen besseren Bildungsstand der Bauern im Sinn. Wieder Raiffeisen: „Der Landmann muß urtheilsfähig, vorurtheilsfrei gemacht, und in den Stand gesetzt werden, Vorträge und Schriften zu verstehen und für sich anzuwenden." Das ist hochinteressant. Denn in Weyerbusch begann zwar nicht die Genossenschaftsidee, wie das Schild vielleicht suggerieren mag. Aber es wurden durch den konkreten Bau von Schulgebäuden die Bildungsgrundlagen für das Selbsthilfeprojekt Raiffeisens gelegt.

Das Backhaus

Die größte Herausforderung für Raiffeisen als Bürgermeister in Weyerbusch bestand darin, die Versorgungslage der Landbevölkerung zu verbessern. Die deutschen Getreideernten 1845 und 1846 waren wegen katastrophal schlechten Wetters verheerend. Raiffeisen wurde aktiv und gründete „mit einer Anzahl günstig gestellter Einwohner einen Konsumverein". Dieser Verein ging als „Weyerbuscher Brodverein" in die Geschichte ein. Mit dem Geld des Vereins wurde ein Backhaus errichtet, das „Tag und Nacht in Betrieb gehalten wurde". Genial einfache Idee: Mit dem kostenlosen Korn des preußischen Staates backte Raiffeisen kommunales Brot beziehungsweise ließ es backen: eine Staatsbäckerei als wohltätige Einrichtung. Vor dem Backhaus in Weyerbusch steht heute eine schöne Skulptur. Raiffeisen selber reicht zwei hungernden Kindern einen Laib Brot. Der „Weyerbuscher Brodverein" war eine notwendige karitative Einrichtung, aber noch keine Genossenschaft im eigentlichen Sinne. Übrigens: Das Brot, das ich auf dem Foto kosten darf, ist nicht aus Zeiten Raiffeisens übrig geblieben, sondern war knusprig und frisch. Und in der Flasche am linken Bildrand befindet sich ein feiner Kräuterlikör, das ist der „Bürgermeisterschluck". Wobei ich davon ausgehe, dass Raiffeisen selber keinen Bürgermeisterschluck brauchte, um in Schwung zu kommen.

Die Historische Raiffeisenstraße

Auf meiner Raiffeisen-Tour war unser Team mit zwei großen Fahrzeugen unterwegs. Eines davon war ein Wohnmobil, in dem ich meistens mitgefahren bin. Wir fuhren mit diesem Wohnmobil auf der B 256 von Neuwied nach Weyerbusch und immer wieder sahen wir braune, längliche Schilder am Straßenrand: Raiffeisenstraße. In Deutschland gibt es natürlich unzählige Raiffeisenstraßen. Um genau zu sein, sind es 1.447, nur nach Schiller, Goethe und Mozart sind mehr Straßen benannt. Doch die B 256 ist anders. Reisende kennen die braunen Straßenschilder bundesweit. Mal wird damit auf die Deutsche Barockstraße, mal auf die Deutsche Alleenstraße hingewiesen. Das sind alles Straßen, die von Touristikern entworfen wurden, um Urlaubern interessante Orte und Landschaften zu zeigen. Daher kam im Wohnmobil bei der Fahrt über die B 256 auch so etwas wie Urlaubsstimmung auf. Aber die Historische Raiffeisenstraße ist keine Erfindung von Touristikern, sondern wurde auf Betreiben von Raiffeisen – beginnend in Weyerbusch – als wichtige Handelsverbindung vom Westerwald zum Rhein gebaut. Raiffeisen hat früh erkannt, dass eine ländliche Region Infrastruktur braucht. Und Infrastruktur im Westerwald hieß, den Landwirten eine Verbindung zu den Warenströmen am Rhein zu ermöglichen. Der Genossenschaftsgründer war eben auch ein Straßenbauer.

Alle für einen, einer für alle

Natürlich hat Friedrich Wilhelm Raiffeisen als Bürgermeister von Flammersfeld von 1848 bis 1852 viel mit Menschen geredet – um Armut zu lindern, Schulprojekte zu fördern und für seinen Flammersfelder „Hülfsverein" zu werben. Aber sehr wahrscheinlich hat er doch einen Großteil seiner Arbeitszeit an seinem Schreibpult verbracht. Deshalb möchte ich Raiffeisen selber zu Wort kommen lassen, der das Zustandekommen des Flammersfelder „Hülfsvereins" erklärt: „Ungefähr sechzig der wohlhabendsten Einwohner des Bezirks übernahmen es, für die nötigen Geldmittel solidarisch zu sorgen." Was bedeutet Solidarität konkret? Die Flammersfelder Solidarität ging tatsächlich so weit, dass diese sechzig wohlhabenden Bürger „mit ihrem ganzen Vermögen für die Ausgaben des Vereins hafteten", wie Raiffeisen-Biograf Michael Klein schreibt. In Raiffeisens Worten, wie er es höchstwahrscheinlich an einem Stehpult aufgeschrieben hat: „Um den Vereinen den nöthigen Credit für das zu ihrem Betriebe erforderliche Geld zu verschaffen, ist es durchaus nöthig, daß diese Haftbarkeit unter den Mitgliedern solidarisch stattfindet, das heißt, daß nämlich alle Mitglieder für eines haften und eines für alle." In Flammersfeld sind die Wurzeln seines wahrscheinlich bekanntesten Leitspruchs zu finden: Was einer allein nicht schafft, das schaffen viele.

Addis Abeba

Wenn man im Raiffeisenhaus von Flammersfeld vor der Treppe zum ersten Stock steht, sieht man ein Hinweisschild nach Addis Abeba. Zunächst stutzt man – hat denn etwa Raiffeisen auch in Äthiopien eine genossenschaftliche Kreditbank gegründet? Addis Abeba ist immerhin ein Stückchen entfernt vom Westerwald. Josef Zolk von der Raiffeisen-Gesellschaft klärt mich auf, denn in Ostafrika ist ein Husarenstreich geglückt: Die Genossenschaftsidee wurde 2016 in Addis Abeba offiziell zum immateriellen Kulturerbe der Menschheit erklärt. Das materielle Weltkulturerbe ist bekannt: Gebäude wie der Kölner Dom oder die Pyramiden von Giseh. Seit einigen Jahren gibt es auch das nichtmaterielle Kulturerbe. Und zusammen mit der Deutschen Hermann-Schulze-Delitzsch-Gesellschaft hatte Josef Zolk die verwegene Idee, den Kulturerbestatus für die Idee der Genossenschaft zu beantragen. In diesem Zusammenhang muss man betonen, dass die Genossenschaftsidee ein internationaler Renner ist. Geschätzt 1.000.000.000 (in Worten: eine Milliarde) Menschen ist weltweit genossenschaftlich organisiert. Gerade kleinere Agrargenossenschaften in Schwellenländern wie Indien oder in Afrika bieten den Kleinbauern faire Bedingungen. Und so ist es für diese Weltidee nur angemessen, dass in Addis Abeba der Titel an die Genossenschaftsidee von Raiffeisen und Schulze-Delitzsch ging.

Der Bundespräsident in Flammersfeld

Herzliche Begegnung am Raiffeisenhaus in Flammersfeld: Ich darf Bundespräsident Frank-Walter Steinmeier und seine Frau Elke Büdenbender treffen. Da es sich um seinen Einstandsbesuch in Rheinland-Pfalz handelt, ist auch Ministerpräsidentin Malu Dreyer im Westerwald. Steinmeier habe ich vor einigen Jahren bei einer Wandertour im brandenburgischen Fläming kennengelernt. Wir sind zusammen gewandert, haben einige Biere vernichtet. Seitdem weiß ich: Frank-Walter Steinmeier ist kein Politiker von der Sorte „Die da oben", er ist ein Supertyp. Wir können froh sein, einen solchen Bundespräsidenten zu haben. Aber was war der Grund, warum der Bundespräsident ausgerechnet am Raiffeisenhaus vorbeigeschaut hat? Nun, Frank-Walter Steinmeier ist Schirmherr des Raiffeisen-Jahres 2018. Da ist es natürlich Ehrensache, dass er in Flammersfeld Präsenz zeigt. Man sagt ja, Steinmeier sei in seinem früheren Leben auch Genosse gewesen. Allerdings gibt es doch einen gewissen Unterschied zwischen Genossenschaftlern und Genossen. In Flammersfeld pflanzte der Bundespräsident einen Baum und ließ sich von Werner Böhnke und Josef Zolk von der Deutschen Friedrich-Wilhelm-Raiffeisen-Gesellschaft das Wirken Raiffeisens näherbringen. Ein großartiger Bundespräsident traf somit auf einen großartigen Ex-Bürgermeister mit genialen Ideen.

Etwas schwül zumute

„Gegen 2 Uhr war die Enthüllungsfeier zu Ende; allein ein Viertel nach drei Uhr wurde es, ehe die Suppe kam. 1.500 Teilnehmer hatten sich zum Festmahle angemeldet – zweitausend aber nahmen an den Tischen Platz. Da wurde es dem Wirte, der bis dahin seinen Aufgaben vortrefflich nachgekommen war, etwas schwül zu Mute." Ein Zitat aus dem Festbericht der Enthüllungsfeier für das Raiffeisen-Denkmal zu Heddesdorf-Neuwied. 1902 war das. In diesem Zusammenhang möchte ich enthüllen, dass zu Raiffeisens Zeiten Heddesdorf ungleich größer und bedeutender war als das winzige Neuwied. Heutzutage ist Heddesdorf „nur" ein Ortsteil von Neuwied. Ein Skandal! Ich fordere daher, zu Ehren von Raiffeisens Wirken Neuwied in Heddesdorf umzubenennen. Immerhin wird in Heddesdorf Herr Raiffeisen immer noch „Vater" genannt. Was auffällt: Der Statue Raiffeisens fehlt die Brille. Der Genossenschaftsgründer ohne seine Brille – das ist angesichts seines schweren Augenleidens eigentlich ein Unding! Des Rätsels Lösung: Wenige Schritte weiter, im Neuwieder Roentgen-Museum (es geht in diesem Museum nicht um den Röntgen mit den Strahlen, sondern den Roentgen mit den Möbeln), liegt die Brille auf einem Tisch. Dort hat sie Raiffeisen wahrscheinlich abgelegt.

Eine Idee in Heddesdorf

Heddesdorf war eine entscheidende Station im Leben Raiffeisens. Dort hat er die längste Zeit als Bürgermeister gewirkt: dreizehn Jahre. Aber vor allem hat er in Heddesdorf die erste genossenschaftliche Darlehenskasse initiiert. Der „Brodverein" in Weyerbusch und der „Hülfsverein" in Flammersfeld, das waren karitative Unternehmungen, um die größte Not der Bauern zu lindern. In Heddesdorf wurde die Genossenschaftsidee geboren – von Vater Raiffeisen. 1864 gründete er hier nach einer ersten Gründung 1862 in Anhausen den Darlehenskassen-Verein, der aus dem „Heddesdorfer Wohlthätigkeitsverein" hervorgegangen war. Der Plan war, dass weder der Staat noch reiche Bürger den armen Teil der Bevölkerung alimentieren und milde Gaben verteilen. Von dieser Idee seiner frühen Bürgermeisterstationen war Raiffeisen abgekommen. „Almosen werden in der Regel mehr schaden als nützen. Die Hilfe muß sich gründen auf den Spruch: ‚So jemand nicht will arbeiten, der soll auch nichts essen'." Durch die Kreditbank, die den Bauern durch die Genossenschaftsanteile selber gehören sollte, wurde Hilfe zur Selbsthilfe möglich. Im Bürgermeisterhaus von Heddesdorf/Neuwied erdachte Raiffeisen diese wahrhaft revolutionäre Einrichtung, die von dem kleinen Städtchen am Rhein ihren Siegeszug auf der ganzen Welt antreten sollte.

Der Friedhofsgärtner von Raiffeisen

Friedrich Wilhelm Raiffeisen starb am 11. März 1888 und wurde in Heddesdorf beigesetzt, wo er die längste Zeit seines Lebens gewirkt hatte. Dazu muss man sagen, dass Raiffeisen zeitlebens immer in der Region des Westerwalds beziehungsweise des Rheins tätig war. Diese Verbundenheit mit der Region ist eigentlich sehr typisch für den Genossenschaftsgedanken. Egal ob in den landwirtschaftlichen Genossenschaften oder den Darlehenskassen – die Genossenschaftler tun sich vor Ort, in der Region zusammen, denn, um mit Raiffeisen zu sprechen: „Was einer allein nicht schafft, das schaffen viele." Meine Raiffeisen-Tour 2018 durch Deutschland führte immer wieder zu kuriosen Begegnungen. Als ich Raiffeisens Grab besuchte, traf ich den Friedhofsgärtner mit seinem grünen Besen. Christian Havenith ist seit Jahren mit der Pflege von Raiffeisens Grab beschäftigt. Schon sein Großvater hat in den 1960er-Jahren diese Grabstätte gepflegt und minutiös die Bepflanzung dokumentiert. Als ich den Friedhofsgärtner sah, dachte ich, den kenne ich doch. Und tatsächlich, wir beide sind schon vor einigen Jahren zusammen gewandert. Damals war Christian als Kelte gewandet, in original Filz-Outfit. Auch die Kelten, und da schließt sich der Kreis, waren in frühgenossenschaftlichen Stämmen organisiert. Die Kelten waren sozusagen die Vorfahren Raiffeisens.

Raiffeisens Wanderlehrer

1868. Ein Wanderlehrer geht auf staubigen Wegen durch das enge Ahrtal südlich von Bonn. Friedrich Wilhelm Raiffeisen hat den Wanderlehrer losgeschickt, um die Idee der Genossenschaften zu verbreiten. Der Wanderlehrer trifft, so stelle ich mir das vor, den Winzer Nikolaus Näkel im Weinberg. Der Wanderlehrer erzählt Näkel von der Idee Raiffeisens. Näkel ist begeistert und gründet zusammen mit 17 weiteren Winzern die erste Winzergenossenschaft der Welt in Mayschoß an der Ahr. – 150 Jahre später. Ich wandere auf dem wunderschönen Ahrsteig und treffe hinter der Saffenburg auf den Winzer Horst Knieps, Aufsichtsrat der Winzergenossenschaft Mayschoß-Altenahr mit aktuell 432 Winzern. Aufsichtsrat, das hört sich nach Aktenkoffer und Dreiteiler an. Aber Knieps ist Winzer aus Leidenschaft und zeigt mir, wie man im März die Rebstöcke biegen und arretieren muss, damit im Herbst die besten Trauben geerntet werden können (die meisten Winzer sagen zur Traubenlese Ernte, da kann man nichts machen). Ich frage den Winzer, ob man als Winzergenossenschaftler nicht ein wenig bequem werde, nach dem Motto: „Es fällt in der Masse gar nicht auf, welche Plörre ich abliefere." Knieps versichert glaubhaft, das Gegenteil sei der Fall. Denn es werde nur nach Qualität bezahlt, und jeder Genossenschaftswinzer versuche, den anderen zu übertrumpfen.

1960er? – Keine guten Jahrgänge

Ich stehe mit Astrid Rickert in der Schatzkammer der Winzergenossenschaft Mayschoß-Altenahr. Frau Rickert ist die Kellermeisterin der Genossenschaft und hat vor kurzer Zeit ordentlich aufgeräumt, alte Flaschen neu abgefüllt. Es gibt ja den abwertenden Satz von dem alten Wein in neuen Schläuchen, aber – erklärt Frau Rickert – von Zeit zu Zeit sollte man schon nachschauen, ob der Wein nicht kaputtgegangen ist. Wenn nicht, wird er neu verkorkt und kann wieder einige Jahrzehnte gelagert werden. Eine Kellermeisterin ist im Prinzip eine Art Weinmanagerin. Frau Rickert muss aus den Trauben der genossenschaftlichen Winzer exzellenten Wein machen. Das gelingt ihr sehr gut. Mayschoß-Altenahr ist nicht nur die älteste, sondern laut Rankings auch in vielen Jahren die beste Winzergenossenschaft Deutschlands. Ich frage Frau Rickert, ob ich eine meisterliche Flasche aus der Schatzkammer für meinen Raiffeisen-Tour-Rucksack haben darf. „Na gut, eine rück' ich raus", grinst die Kellermeisterin. Der 1868er-Jahrgang ist ausgetrunken, wie wäre es mit einem 1965er, meinem Geburtsjahrgang? „1960er? Sehr schlecht!", antwortet Frau Rickert. Dabei dachte ich immer, ich wäre ein guter Jahrgang. Wir einigen uns auf einen 1999er Spätburgunder. Super Jahrgang, und zwei unserer Töchter haben den gleichen Jahrgang. Zum Wohl!

Pommes-Peter

Auf meiner Raiffeisen-Tour hatte ich einen gigantischen Tourtross dabei: den Boss der Agentur, den Auftraggeber, den Redakteur, den Kameramann, den Tontechniker, die Aufnahmeleiterin, die Fotografin, den Fahrer. So. Und zur Mittagszeit haben alle Hunger, und als wir in Mayschoß bei der ältesten Winzergenossenschaft der Welt waren, haben sämtliche Mitarbeiter in der Frittenbude auf der Straßenseite gegenüber etwas bestellt. Die meisten haben, in dicke Jacken eingemummelt, an den Holztischen vor dem Fast-Food-Paradies etwas gefuttert. Ich hatte keinen großen Hunger, aber mir war kalt; deshalb betrat ich die Imbissbude. Und freundete mich, anders kann man das nicht sagen, binnen Sekunden mit dem Inhaber des Etablissements an. „Jröß dich", sprach er mich an, als wären wir alte Bekannte, „ich bin der Pommes-Peter". Und weil wir schon beim rheinischen Turbo-Du waren, bot er mir direkt einen Schluck vom besten Riesling der Winzergenossenschaft an. Der Pommes-Peter ist übrigens der Herr im blauen Poloshirt, Zweiter von rechts. „Du musst wissen, in Mayschoß wächst man automatisch mit dem Wein der Winzergenossenschaft auf, hier hat sogar das Grundwasser zwei Prozent Alkohol." Dass der Pommes-Peter auch Fan des 1. FC Köln ist (er zeigte mir sogar sein geheimes Tattoo), intensivierte unsere Freundschaft.

Was du heute kannst entkorken

Die Firma Klug in Langenlonsheim (in der Nähe von Bingen am Rhein) ist eine hundertprozentige Tochter der genossenschaftlichen Raiffeisen Waren-Zentrale Rhein-Main eG in Köln und damit natürlich auch hundertprozentig genossenschaftlich. Stellen Sie sich vor, Sie sind Winzer. Eines Morgens fällt Ihnen ein: „He, ich brauche ja noch dringend eine Million Korken. Und eine Million Flaschen!" Wo bekommen Sie die denn auf die Schnelle her? Nun, die Firma Klug in Langenlonsheim hat das alles vorrätig: Korken in allen Größen und Qualitäten. Fünf bis zehn Millionen Flaschen auf Lager. Barriquefässer, Edelstahltanks, Plastiktanks, Kellereibedarf. Drähte, Weinbergspfähle, Werkzeug für die Arbeit im Weinberg. Alles nach der Devise: Was du heute kannst entkorken, das verschiebe nicht auf morgen. Die Lage der Firma Klug ist (nomen est omen!) strategisch genial. Langenlonsheim liegt im Herzen des deutschen Weinbaus. Es gibt dreizehn deutsche Weinanbaugebiete, die beiden größten sind in unmittelbarer Nähe der Firma Klug: Rheinhessen und die Pfalz. Auch das Anbaugebiet am Mittelrhein liegt um die Ecke, hinter der Rheinbiegung von Bingen. Und das Weinanbaugebiet Nahe liegt auch direkt nebendran. So bekommen alle Winzer bei der RWZ-Tochter Klug eine Rundumversorgung in Sachen Weinbau- und Kellereibedarf. Und bei einem Edelstahltank gilt die Maxime Raiffeisens: „Was einer allein nicht schafft, das schaffen viele!"

Im Weinlabor

Das ist für mich der Spruch des Tages. Laborant und Önologe Sebastian Bausinger sagt: „Wer guten Wein machen will, muss viel Bier trinken." Hä? Man muss dazu sagen, dass Herr Bausinger und seine Kollegin Frau Schumann beruflich jeden Tag mit Wein arbeiten. Testen, prüfen, schmecken. Ist zu viel Säure im Wein, stimmt die Fruchtbalance? Um das zu testen, dürfen – vielmehr müssen – die beiden Laboranten einige Weine pro Tag verkosten. Das ist schon heftig für die Geschmacksnerven, auch wenn der Wein komplett im Spucknapf landet. Und daher nimmt sich Herr Bausinger keine Arbeit mit nach Hause, dafür gibt es ein paar ordentliche Schlucke Bier (ohne Spucknapf). Die Firma Klug hat ja wirklich alles im Angebot, was der Winzer braucht. Nur eines hat die Firma Klug nicht: das Bier, das ihre Laboranten benötigen, um immer hoch konzentriert den Wein verkosten zu können. Sehr spannend sind auch die Korkentests im Labor. Es ist nämlich keineswegs ausgemachte Sache, dass jede Korksorte die Säure des Weines verträgt. Das kann man aber testen. Und längst nicht jeder Korken passt haargenau in den Flaschenhals. Mancher sitzt zu fest, andere zu locker – höchst ärgerlich für den Weintrinker. Gut, dass es die genossenschaftlichen Weintester gibt.

Eine sehr junge Genossenschaft

Kurz nachdem ich die älteste Winzergenossenschaft der Welt an der Ahr besucht hatte, wollte ich auch genossenschaftliches Bier trinken. Ich fand im Internet die Brauereigenossenschaft Oberhaching, Bayern. Oberhaching müsste theoretisch in der Nähe von Unterhaching liegen, das dereinst Bayer Leverkusen die sicher geglaubte Meisterschaft versaut hat. Was mich freut: Die Brauereigenossenschaft Oberhaching ist eine ganz junge Genossenschaft. Im November 2015 gegründet, hat man dem Ort wieder ein Stück weit seine Identität zurückgegeben. Denn im alten Gasthaus gab es kein heimisches Bier mehr. Und obwohl es eine Menge gescheites bayerisches Bier gibt, ging der Lokalpatriotismus der Oberhachinger doch so weit, dass sie auf ihrem eigenen Bier bestanden. Dabei ist bemerkenswert, dass alle Genossenschaftler ehrenamtlich arbeiten. Der örtliche Getränkehändler sorgt für den Vertrieb, der Braumeister arbeitet hauptamtlich bei der Augustiner Brauerei, und Genossenschaftchef Florian Schärpf (der Flo) macht in seiner Freizeit den Papierkram. Das hat er nun davon, denn auch ich bin seit meinem Besuch in Bayern Brauereigenossenschaftler und habe einen Anteil erworben. Darauf ein Prosit der Gemütlichkeit mit Herrn Raiffeisen und Herrn Schärpf!

Wie das Land, so das Oberhachinger Bier

Männer wie wir, Oberhachinger Bier! Darauf ein Oberhachinger! Das perlt! Heute ein Oberhachinger! Ach, was könnte man für schöne Slogans für das Genossenschaftsbier entwickeln. Florian Schärpf (ganz rechts) hat mich total von der Idee einer Brauereigenossenschaft überzeugt. Am Tisch sitzt auch der Bürgermeister Stefan Schelle (Mitte, politisch eher rechts), ebenfalls Genossenschaftler. Ich höre viel über die boomende Gemeinde Oberhaching, die traumhaften Lebensbedingungen, die fantastischen Freizeitmöglichkeiten: „Zum Skifahren mussts aber um sechs in der Früh losfahren, sonst stehsts im Stau." Ich überlege kurz, nach Oberhaching zu ziehen, dann höre ich von den Immobilienpreisen. Norbert Schmedt (ganz links) hat sich als Chef der Agentur, die das Jubiläumsjahr inklusive Raiffeisen-Tour erdacht und durchgeführt hat, während der gesamten Raiffeisen-Tour dezent im Hintergrund gehalten. Aber bei der Bierverkostung war er in vorderster Reihe zu finden. Ebenso Hans-Theo Macke (Zweiter von links) von der Deutschen Friedrich-Wilhelm-Raiffeisen-Gesellschaft, der so begeistert von der Brauereigenossenschaft war, dass er den Teammitgliedern der Raiffeisen-Tour jeweils einen Sechserträger spendierte. Hochgenuss in den Sorten Kellerbier, Weißbier, Hell, Dunkel, Maibock und Doppel-Maibock. So schmeckt Genossenschaft, zum Wohl!

Zentral und Zentrale in Münster

Ich treffe Andreas Rickmers, den Vorstandsvorsitzenden der AGRAVIS, vor der Unternehmenszentrale mit einem Fahrradhelm in der Hand. Wie jeden Morgen ist er mit dem Fahrrad zur Arbeit gefahren. Wir führen das erste Interview auf der beeindruckenden Terrasse des Unternehmens. Hinter dem Gebäude der Hauptbahnhof von Münster, unter uns eine Raiffeisen-Tankstelle, vis-à-vis die Türme des genossenschaftlichen Mischfutterwerks AGRAVIS am Kanal. Der Umsatz des Agrarkonzerns liegt bei 6,4 Milliarden Euro, das Mischfuttergeschäft trägt ganz wesentlich zum Geschäftsergebnis bei. Und das Beste: Von dem zentralen Gebäude des Mischfutterwerks blickt uns Raiffeisen entgegen. Der Name AGRAVIS, erklärt Rickmers, ist ein Kunstname, der den Agrarbereich mit der Kraft – lateinisch „vis" – verbindet. Kraftvolle Landwirtschaft für kraftvolle Menschen. Nach der Fusion 2004 agierte die AGRAVIS mit Schwerpunkt in Niedersachsen und weiten Teilen Nordrhein-Westfalens, heute ist sie ein nationaler Agrarhändler. Die AGRAVIS deckt fünf Kernbereiche ab. Erstens: alles, was mit Pflanzen und Tieren zu tun hat. Zweitens: die Landtechnik, Trecker & Co. Drittens: die Baustoffe. Viertens: die Energie. Und fünftens: die Raiffeisenmärkte und Genossenschaften, die auf meiner Tour mit Rickmers noch eine Rolle spielen werden.

OlymPig – dabei sein ist alles

Ich frage mich, was man den kreativen Mitarbeitern der AGRAVIS ins Futter getan hat, damit sie sich so etwas ausdenken: ein Ferkelfutter mit dem Namen „OlymPig". Willkommen in der Wortspielhölle! AGRAVIS-Chef Rickmers und ich treffen am Kanal den Geschäftsführer des Futtermittelwerks, Heiko Almann. Im Hafen wird gerade ein Schiff entladen. Interessant: In Tierfutter werden oft Nebenprodukte aus der Lebensmittelherstellung verarbeitet, Rapsschrot zum Beispiel. Die Vielfalt der Futterherstellung ist gigantisch. In Münster wird nach 1.600 Rezepturen Tierfutter hergestellt, sehr speziell für jede Tierart in jedem Lebensabschnitt. Dabei muss man höllisch aufpassen. Almann verrät uns, dass zum Beispiel Kakaorückstände nicht Bestandteil von Pferdefutter sein dürfen. Wenn man da nicht aufpasst, gilt das Pferd – zum Beispiel bei einem Pferderennen – als gedopt! Schoko statt Epo, wer hätte das gedacht? Aber zurück zum OlymPig-Futtersack. Der wird in der Produktionshalle erst einmal aufgeblasen, dann das Futter verfüllt. Größere Mengen Futter werden direkt mit großen AGRAVIS-Lkws auf den Hof gefahren. Aber kleine Ferkel brauchen nicht so viel Futter. Wie kommt also der OlymPig-Sack zum Ferkel? Nun ja, Andreas Rickmers hat da einen Plan, um nicht zu sagen: einen teuflisch guten Plan.

Tandemfahren leicht gemacht

Okay, ich gebe es zu: Natürlich habe ich vor meinem Besuch bei der AGRAVIS im Münsterland gewusst, was auf mich zukommt. Zusammen Tandem fahren, großartige Idee, GEMEINSAM im Raiffeisen'schen Sinne bringen wir das Ferkelfutter von der Fabrik zu seinem Bestimmungsort. Eine richtig gute, um nicht zu sagen eine fantastische Idee. Natürlich bin ich noch nie vorher in meinem Leben Tandem gefahren. Na ja, was solls, ich habe mit dem Rennrad die 21 Kehren von Alpe d'Huez bezwungen, da werde ich doch ein wenig mit dem Tandem durchs Münsterland gondeln können. In der Sekunde, in der Andreas Rickmers, der nun mal jeden Tag mit dem Fahrrad zur Arbeit kommt, in die Pedale tritt, weiß ich, dass Tandemfahren vielleicht, wie soll ich es diplomatisch formulieren, nicht so ganz mein Ding ist. Andreas Rickmers verfügt nun mal über eine gewisse Körpergröße, weswegen mir der Blick nach vorn verwehrt bleibt. Viel schlimmer ist aber, dass natürlich die Pedale bei einem Tandem durch die gemeinsame Kette verbunden sind, das heißt, dass man sich absolut auf den Fahrer vorn am Lenker einstellen muss. Das ist Synchronschwimmen auf dem Radl! Können Sie sich an das Gefühl als Vierjähriger auf dem Dreirad erinnern, wenn es plötzlich bergab ging? Die wirbelnden, unkontrollierbaren Pedale, die Tränen, die Verzweiflung?

Mit dem Sack in der Genossenschaft Bever Ems

Nun ja, wir sind dann doch mit dem Tandem bis nach Telgte gefahren, mit kurzem Stopp an einem Versuchsgut der AGRAVIS, an dem für interessierte Landwirte moderner Pflanzenbau gezeigt wird. Die gemeinsame Raiffeisen-Mission hat Andreas Rickmers und mich zusammengeschweißt. Wir bringen diesen OlymPig-Futtersack zum Ferkel, koste es, was es wolle. Aber unsere Tour soll ja realistisch sein, daher steuern wir zunächst mal die Genossenschaft von Telgte an. Denn dort würde ja auch ein Bauer sein Ferkelfutter kaufen. Wir fahren mit Karacho und mit Tandem in die Halle und treffen auf Reinhard Pröbsting, Geschäftsführer der regionalen Genossenschaft Bever Ems. Das ist ein guter Moment, mal den Unterschied zwischen Primär- und Hauptgenossenschaften zu klären. Es ist so: Der Landwirt ist Genossenschaftler bei der regionalen Primärgenossenschaft, in diesem Fall Bever Ems. Diese regionalen Primärgenossenschaften halten 60 Prozent der Aktien der AGRAVIS, das ist also die sogenannte Hauptgenossenschaft. Daher kann man mit Fug und Recht die AGRAVIS zur genossenschaftlichen Welt zählen. Sie ist zwar als Aktiengesellschaft dem Shareholder-Value verpflichtet, aber die meisten Shareholder sind Genossenschaften, und damit sind sie den Bauern verpflichtet. Das macht hundert Prozent Raiffeisen.

Der Schweinestall ist gar kein Schweinestall

Die letzte Station meines Ausflugs ins Münsterland ist der Hof von Reinhard Möllers. Immer noch an meiner Seite: AGRAVIS-Chef Andreas Rickmers. Beeindruckend, denn kein Genossenschaftsvorstandsvorsitzender hat sich so ins Zeug (und in die Pedale) gelegt wie der Münsteraner. Das zeigt, wie wichtig er die Raiffeisen-Tour im Jubiläumsjahr fand. Landwirt Reinhard Möllers hat einen Betrieb mit Zuchtsauen. Ehrlich gesagt, war mir die Spezialisierung der Schweinebauern (darf man „Schweinebauer" sagen?) vor meinem Besuch in Telgte nicht ganz klar. Die einen mästen die Schweine, bis sie geschlachtet werden. Die anderen, und dazu gehört Herr Möllers, sorgen für Nachwuchs und verkaufen die Ferkel an die Mastbetriebe. Das Erste, was mir im sogenannten Schweinestall auffällt: Es ist extrem sauber, in so manchem Kinderzimmer würde das Etikett Schweinestall besser passen. Reinhard Möllers schätzt an seiner Genossenschaft, dass sie räumlich um die Ecke ist und er mit den Mitarbeitern vertraut ist. Genossenschaftlich, das heißt für ihn regionale Nähe und Vertrauen. Endlich ist der große Moment gekommen. Der Ferkelfuttersack OlymPig wird seiner Bestimmung zugeführt, die Tandemfahrt mit Rickmers hat sich gelohnt! Zufrieden futtern die Ferkel und Bauer Möllers sagt: „Futter ist Vertrauenssache."

Ein legendäres Spiel am Kicker

Ein Jahrhundertspiel im Westerwald. Spannend wie das 3 : 4 gegen Italien bei der WM in Mexiko. Das Spiel in Bad Marienberg wird live in unzählige Länder übertragen. Zuschauermassen am Spielfeldrand. Im Obergeschoss der Testfiliale der Westerwald Bank kickern Dr. Ralf Kölbach und Manuel Andrack gegeneinander. Kölbach führt schnell 4 : 0 gegen eine überforderte und erbärmliche Defensive von Andrack. Doch dann holt der Kölner auf, haut dem Westerwälder Kölbach (übrigens ein Fan von Eintracht Frankfurt) die Bälle platziert und knallhart in den Torwinkel und gewinnt das Match noch 6 : 5 – was für ein episches Spiel!

Aber die Filiale von Bad Marienberg ist natürlich nicht irgendeine Spielhölle im Westerwald. Bekanntlich ist der Kopf rund, damit das Denken die Richtung wechseln kann. Und genau dafür sind die Räume über der Bad Marienberger Filiale gedacht: dem Nachdenken über die Zukunft von Bank einen Raum zu geben. Kölbach erzählt mir (nachdem er sich ein wenig von seiner Niederlage erholt hat) von einem kühnen Gedankenexperiment: Was wäre denn, wenn sich eine Bank und ihre Mitarbeiter neuen Geschäftsfeldern öffnen würden? Beispielsweise hat jede Bank Experten, die sich bestens mit IT-Sicherheit auskennen. Die könnten als Dienstleister für den Mittelstand arbeiten. Im Westerwald erweitern die genossenschaftlichen Banken ihre Horizonte.

Die Filiale der Zukunft

Das Familienzimmer in der Bad Marienberger Filiale der Westerwald Bank ist genau das Richtige für einen Kindskopf wie mich. Im Spiegelbild kommt meine gigantische Denkerstirn sehr schön zur Geltung. Ich bin aber eigentlich nicht zum Quatschmachen in diesem Zimmer. Denn die Filiale in Bad Marienberg ist eine Versuchsanordnung, wie eine Bank sich (wieder) den Menschen öffnen und nähern kann. Die Initiatoren glauben fest daran, dass das Prinzip „Filiale" eine Zukunft hat und sich in Konkurrenz zur digitalen Alternative begeben sollte. Und in den Räumen dieser Bank mitten im Westerwald testen Mitarbeiter und Kunden, wie die Bank-Kommunikationsmodelle aussehen könnten. In den „normalen" Beratungsräumen sorgen heimische Hölzer und Fotos für ein Heimatgefühl. Ein gigantischer Videoscreen empfängt den Kunden mit individuell passenden Motiven. Das frisch vermählte Paar wird zum Beispiel noch einmal an die Hochzeit erinnert. Und in den Familienzimmern sollen sich alle wohlfühlen – die Kinder, die Eltern und natürlich auch die Kundenberater der Bank. Aber keine Angst, die Westerwälder Testfiliale arbeitet nicht mit Big-Brother-Methoden. Gut für mich, sonst hätten geheime Überwachungskameras meine kindischen Spiele im Familienzimmer aufgezeichnet.

Das Wohl der Kunden

Zum Abschluss meines Besuchs in Bad Marienberg machen wir für die Fotografin noch ein schönes Gruppenfoto. Evelyn Hommel, Filialleiter Benjamin Brodt, Geno-Fan Manuel Andrack und Ralf Kölbach setzen ihr strahlendstes Lächeln auf. Und dann habe ich auch noch diesen Würfel in der Hand. Erster Gedanke: Das ist doch Betrug – wenn ich würfle, kommt jedes Mal als Ergebnis VR. Zweiter Gedanke: Es ist genau richtig, immer VR zu würfeln, denn die VR-Banken sind auf jeden Fall immer ein Glücksfall. Es ist doch so: Die Filiale der Westerwaldbank in Bad Marienberg ist eine ganz besondere Filiale. Zugegeben. Aber die VR-Banken – oder auch PSD-Banken, Sparda-Banken, GLS-Banken, kurz alle genossenschaftlichen Banken – sind etwas ganz Besonderes. Es geht nicht unbedingt darum, 0,1 Prozent mehr Zinsen anzubieten. Es geht nicht darum, dem Kunden zwingend ein gewisses Finanzprodukt zu empfehlen. Es geht bei den genossenschaftlichen Banken vielmehr, auch wenn es sich vielleicht kitschig anhört und auch Ausnahmen geben mag, um das Wohl des Kunden. 18,4 Millionen Deutsche wissen das zu schätzen und halten Genossenschaftsanteile ihrer Bank. Seit der Raiffeisen-Tour bin ich einer von ihnen, auch wenn ich nicht immer so einen komischen Würfel in der Hand halte.

Der Christenmartinshof im Schwarzwald

Unser Tourmobil schraubt sich die Serpentinen hinauf. Wir steuern den höchsten Ort unserer Raiffeisen-Tour 2018 an: St. Märgen im Schwarzwald. Auf dem Christenmartinshof treffe ich Joachim Faller, einen der über 1.000 genossenschaftlichen Milchbauern der Schwarzwaldmilch. Faller hat schon seit einigen Jahren auf Bioland-Standard umgestellt. Das Bioland-Zertifikat bedeutet für Faller einen wirtschaftlichen Mehrwert, da er einen höheren Milchpreis erzielen kann. Das heißt zum Beispiel: Faller muss im Kreislauf der Natur wirtschaften, die biologische Vielfalt fördern, seine Tiere artgerecht halten. Auf den ersten Blick sieht es sehr artgerecht aus, wie die Kühe auf der Weide grasen. Den gigantischen Ausblick auf St. Märgen, die Schwarzwaldhöhen und die Vogesen im Hintergrund scheint das Vieh aber nicht zu genießen. Man muss dazu sagen: Der Termin auf dem Christenmartinshof (der Name ist übrigens nicht besonders christlich, sondern ein gewisser Christian besaß dereinst den Hof) ist nicht nur der höchstgelegene der Raiffeisen-Tour, sondern auch der zeitigste. Um 5.30 Uhr treiben Bauer Faller und ich die vierzig Kühe und den schwarzen Jungbullen (Faller sagt: Vor dem sollte man keine Angst, aber Respekt haben) in den Stall zum Melken. Ich nehme mir vor, den Jungbullen besser nicht zu melken.

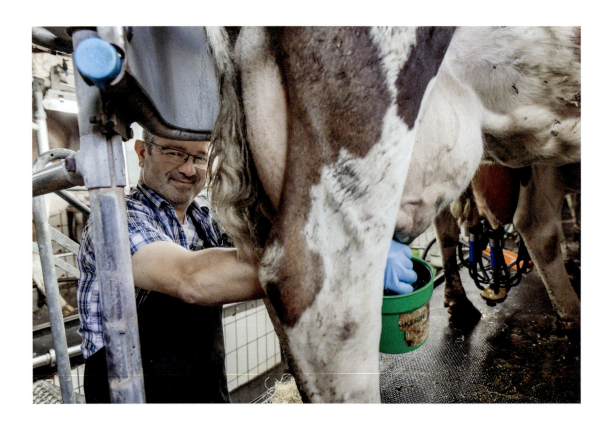

Es wird ernst – ran an die Euter!

Im Melkstand von Bauer Faller haben acht Kühe Platz. Die Kühe sind etwas nervös, daher scheißen zwei von ihnen erst einmal ordentlich los, als sie näher kommen. Es spritzt ganz schön und unser Kameramann Guido, der an vorderster Front steht, bekommt einen regelrechten Shitstorm ab. Der Landwirt zeigt mir, welche Arbeitsschritte notwendig sind. Was mich erstaunt: Zunächst soll ich tatsächlich mit der Hand melken, denn aus jede der vier Zitzen am Euter der Milchkuh muss ein Strahl Milch gemolken werden, um mögliche Keime, die sich in der Zitze angesammelt haben, abzumelken. Dann nehme ich ein gutes Stück Holzwolle in die Hand und rubbele das Euter ab, um den Milchausstoß zu stimulieren. Das sind 30 Sekunden Massage-Wellness für die Kuh. Dann kommt die Melkmaschine mit den vier sogenannten Zitzenbechern an die Zitzen. Dabei stelle ich mich etwas doof an. Nun ja, es ist noch kein Meister vom Himmel gefallen. Wenn genug Milch abgepumpt ist, fällt das Melkzeug automatisch ab. Dann müssen die Zitzen noch mit einer grünen Sprühlösung desinfiziert und gepflegt werden, fertig. Als wir mit dem Melken durch sind, bekomme ich ein Jobangebot von Bauer Faller. Ich könne sofort als Hilfsmelker anfangen. Ich überlege kurz: Die gute Schwarzwälder Höhenluft, der geregelte Tagesablauf, eine sinnvolle, archaische Tätigkeit. Ich frage Bauer Faller, wann er in den Urlaub fährt, ich kann mir das echt vorstellen.

Ab nach Freiburg

Um 7.00 Uhr fährt der Lkw der Schwarzwaldmilch auf den Christenmartinshof. Das ist ein Bild wie auf einer Reklametafel. Der silberne Tank blitzt in der Sonne, die roten Bollen des Schwarzwaldmilch-Logos erinnern an den charakteristischen Bollenhut. Der jahrhundertealte Hof von Joachim Faller und das Panorama von St. Märgen runden das Postkartenmotiv ab. Der Melkvorgang ist abgeschlossen, auch die Kälber haben gierig von der frischen Milch getrunken, alle Kühe sind versorgt. Zufrieden schaut Milchbauer Faller zu, wie der Schwarzwaldmilch-Lkw-Mann seine Arbeit verrichtet und die gute Milch vom Christenmartinshof in den Tank pumpt. „Das macht der eigentlich total autonom, da muss ich gar nicht vor Ort sein", erklärt Faller. Gerade im Winter ist allerdings der Job des Milchlasterfahrers Schwerstarbeit. Bei Eis und Schnee in den Höhenlagen des Schwarzwalds einen schweren Lkw zu manövrieren, das erfordert höchste Fahrerkünste. Ich verabschiede mich von Joachim Faller und folge dem Schwarzwaldmilch-Lkw talwärts nach Freiburg. Irgendwie ist es im Schwarzwald wie bei Raiffeisen: Den Bauern geht es gut, weil sie Genossenschaftler sind. Und für die Warenströme führt eine Straße ins Rheintal.

Jogi und Schoki

Andreas Schneider ist als Geschäftsführer der Schwarzwaldmilch sehr wichtig für Joachim Faller. Schneider zeigt mir im Freiburger Milchladen die Vielfalt der Schwarzwaldmilch-Produkte. Währenddessen kaufen Gastronomen kartonweise Sahne, Joghurt, Quark, Milch. Aber auch Privatkunden schätzen das Angebot nahe der Freiburger Innenstadt. Ich stehe mit Andreas Schneider an der Probiertheke. Die junge Joghurt-Sommelière hat Probierhäppchen mit den Geschmacksrichtungen Erdbeere, Bircher Müsli, Bourbon-Vanille. Über dreißig Jogi-Sorten hat die Schwarzwaldmilch im Sortiment. Joghurt heißt eben Jogi im Südwesten. Aber das schon seit über 50 Jahren, betont Andreas Schneider, damit nicht der Eindruck entsteht, der Bundestrainer aus Lörrach habe Namenspate gestanden. Milchliebhaber im Ländle mögen generell Verniedlichungen. Außer Jogi gibt es bei der Schwarzwaldmilch nämlich auch Schoki, ein Kakaogetränk. Unübersehbar steht eine Schaufensterpuppe mit Trikot und Schal des SC Freiburg neben dem Probiertisch. Das Image des „alternativen" Bundesligavereins passt perfekt zur Milchgenossenschaft: regional, nachhaltig, sympathisch. Auf dem Probiertisch stehen die Milchsorten regionale Vollmilch, Weidemilch, lactosefreie Milch, Bio-Heumilch und Biomilch. Da schließt sich der Kreis, denn in der Biomilchtüte ist unter anderem die Milch von Genossenschaftsbauer Faller drin.

Jetzt wird abgefüllt

Andreas Schneider zeigt mir die millionenteure Elopak-Anlage. Wieder etwas gelernt. Entweder kommt die Milch ins eckige Tetra-Pak, übrigens eine schwedische Erfindung. Oder man entscheidet sich für einen anderen Hersteller, wie Elopak, den Erfinder der Papiermilchflasche mit dem charakteristischen Giebeldach. Die Giebeldachverpackung ist heute immer noch die weltweit beliebteste Verpackung für Milchprodukte. Die Maschine entfaltet die Kartonzuschnitte und bringt sie in Form und verschweißt den Boden; der weiße Verschluss wird in der Kartonöffnung eingeschweißt; die Kartons werden anschließend desinfiziert und mit leckerer Schwarzwaldmilch und dem richtigen Gewicht gefüllt und anschließend am Giebel verschweißt. Nicht ausreichend gefüllte oder defekte Milchpackungen werden am Ende der Maschine automatisch ausgeschleust. Die fertigen Milchpackungen verlassen die Abfüllmaschine, bekommen ein Mindesthaltbarkeitsdatum auf den Giebel aufgedruckt und werden in einem Einpacker in Umkartons zu 10 Stück zusammengebracht. Ein Transportband bringt die Milchtüten schnurstracks zu einem vollautomatischen Palettierer; dort werden sie gestapelt. Anschließend kommen sie in den Kühlraum. Dort ist es immer 4 bis 6 °C „warm", um die Kühlkette nicht zu unterbrechen. Bevor die Milchpackungen im Lagerraum verschwinden, muss ich wegen latenter Alterskurzsichtigkeit meine Brille lüften. Ich checke – wie ich das bei jedem Einkauf im Supermarkt mache – das aufgedruckte Datum der Mindesthaltbarkeit.

Neues aus Hobrechtsfelde

Wenn man sich umhört, fallen den meisten Mitbürgern beim Stichwort Genossenschaften nach den Banken und den Agrargenossenschaften direkt Wohnungsbaugenossenschaften ein. Ich bin in Köln aufgewachsen, dort gibt es zahlreiche große Wohnungsbaugenossenschaften, die schon seit den 1920er-Jahren attraktive Mietwohnungen anbieten. Wie in einer Großstadt üblich, sind diese Wohnungen äußerst begehrt und die Wartelisten lang. Daher hatte ich in den 1990er-Jahren, als ich meine Familie gründete, keine Chance auf eine genossenschaftliche Wohnung. Es kam einem Wunder gleich, als ich letztes Jahr für meine zweitälteste Tochter eine attraktive und eben auch bezahlbare Genossenschaftswohnung in Köln ergattern konnte. Der stolze Vater wurde Genossenschaftsmitglied, die Tochter zog ein. So weit meine persönliche Wohnungsbaugenossenschaftsgeschichte. Auf meiner Raiffeisen-Tour 2018 bin ich nach Hobrechtsfelde vor den Toren Berlins gefahren. Hobrechtsfelde ist eher eine Siedlung als ein Dorf, an der kopfsteinbepflasterten Hauptstraße reihen sich alte Wohnhäuser. Nach der Wende verfielen die Gebäude, vor 20 Jahren wurde Hobrechtsfelde in einer Umfrage von Radio Eins zum hässlichsten Dorf Brandenburgs gewählt. Dass aus diesem hässlichen Entlein ein schöner Schwan wurde, daran hat Ulf Heitmann von der Wohnungsbaugenossenschaft „Bremer Höhe" einen großen Anteil.

Jenossenschaft jegründet

2006 bekam Ulf Heitmann einen merkwürdigen Anruf aus Hobrechtsfelde: „Ihr habt doch da vor kurzem ne Jenossenschaft jejründet. Wir wolln dit hier ooch, kann mal jemand kommen und sagen, wie dat jeht." Im Jahr 2000 hatte die Wohnungsbaugenossenschaft „Bremer Höhe" 49 Häuser im Bezirk Prenzlauer Berg übernommen, die an einen Investor verkauft werden sollten. Nach dem Anruf des Hobrechtsfelder Bürgers schaute man sich das hässlichste Dorf Brandenburgs an und übernahm direkt den ganzen Ort mit den alten Landarbeiterhäusern, die modernisiert wurden. Je nach Wohnqualität müssen die Mieter und Mitglieder der Genossenschaft eine Quadratmetermiete von fünf bis sieben Euro zahlen. 500 bis 700 Euro für eine Hundert-Quadratmeter-Wohnung, das sind für mietpreisgeplagte Berliner Bürger traumhafte Preise. Ich frage Ulf Heitmann, ob denn das wohnungsbaugenossenschaftliche Modell nicht die Lösung auf dem Mietmarkt sein könnte. „Na klar", seufzt Heitmann, „aber das ist ein hochpolitisches Thema. Denn mit den marktüblichen Grundstückspreisen können wir nichts ausrichten. Wir brauchen kommunal freigegebenes Bauland, um neue Projekte zu verwirklichen." Daher fordere ich: Gebt den Flughafen Tempelhof frei! Statt Hunde Gassi zu führen, könnte man das Gelände für Zehntausende wohnungsbaugenossenschaftliche Mietwohnungen nutzen.

Mehr als wohnen

Fast 2.000 Wohnungsbaugenossenschaften in Deutschland unterhalten 2,2 Millionen Wohnungen für 2,8 Millionen Genossenschaftler, und es werden immer mehr. Auch in Hobrechtsfelde ist man noch nicht fertig. Durch ein verwildertes Gelände am Ortsrand betreten wir ein größeres Gebäude. In dem heruntergekommenen Bau hängen noch die letzten Lampions der Silvesterfeier – von 1990. Wir stehen im alten Gemeindesaal, in dem zu DDR-Zeiten regelmäßig Konzerte und Tanzabende stattfanden. „Frank Schöbel und Achim Mentzel sind hier aufgetreten", erzählt Ulf Heitmann. Das glaube ich sofort, denn die Akustik in dem Saal ist sensationell. Noch 2018 wird mit der Restaurierung des Saals begonnen und 25 weitere Wohnungen werden entstehen. Die Idee ist, dass die neuen Wohnungsgenossenschaftler anteilig den Gemeinschaftssaal mitfinanzieren und ihn für Feste und Konzerte nutzen; dafür steigt eben der Quadratmeterpreis. Trotzdem ist die Warteliste lang und die Fluktuation wird wie bei den anderen Wohnungen sehr gering sein. „Wegziehen tut hier keiner", sagt Heitmann. „Wir sind eine offene Gemeinschaft", ergänzt er. Und auch das Motto der Wohnungsbaugenossenschaft „Mehr als wohnen" atmet den Geist Raiffeisens.

Ein Tipp von Olaf Scholz

Ein Berliner Journalist fragt mich im Rahmen eines Interviews, welche Berliner Genossenschaften ich besuchen werde. Ich antworte wahrheitsgemäß, dass ich mich mit interessanten Menschen einer Wohnungsbaugenossenschaft, der feministischen Weiberwirtschaft und der taz treffen werde. „Die taz?", fragt der Journalist. „Wieso das denn?" Dann fällt ihm siedend heiß ein, dass die links-alternative tageszeitung, kurz taz, die größte Mediengenossenschaft Deutschlands ist. Ich stehe an der Haustür der taz, Rudi-Dutschke-Straße 23 – Friedrichstraße um die Ecke, Schülergruppen wälzen sich Richtung Checkpoint Charlie. 1992 stand die taz vor dem Aus. Die Mauer war gefallen, die Abozahlen fielen, Linkssein war nicht mehr Avantgarde, sondern anscheinend ein Auslaufmodell. Viele Mitarbeiter, die schon immer basisdemokratisch den Laden geschmissen hatten, waren dafür, die Zeitung zu verkaufen. Der entscheidende Hinweis kam von einem Anwalt namens Olaf Scholz, heute Bundesfinanzminister. Ob man schon mal daran gedacht habe, eine Genossenschaft zu gründen? Hatte man nicht, aber es war eine gute Idee. 3.000 Genossenschaftsgründer spülten genug Geld in die Kassen, um den Zeitungsbetrieb aufrechtzuerhalten. Mittlerweile strebt die taz im Rahmen ihrer Agenda 2020 20.000 Mitglieder an.

Raiffeisens Idee ist alternativ und alternativlos

Wer sind die Menschen, die die taz unterstützen? Konny Gellenbeck ist die Leiterin des Genossenschaftsteams der taz und weiß Bescheid: „Das ist ein breites gesellschaftliches Bündnis von Menschen, die Pressevielfalt in Deutschland unterstützen." Die taz-Genossenschaftler sind Idealisten, selbst ein CSU-Mitglied soll sich schon als Teilhaber der links-alternativen Zeitung geoutet haben. Und ein Abo ist noch nicht mal mit drin im Genossenschaftsanteil! Trotzdem versuchen manchmal die Teilhaber der taz, Einfluss auf die Berichterstattung zu nehmen. Konny Gellenbeck erinnert sich an die Zeit vor der Bundestagswahl 2013, als die taz einen Bericht über pädophile Tendenzen der jungen Grünen-Partei brachte. 800 Genossenschaftler wollten erbost ihren Anteil zurückgeben. Gellenbeck berichtet von nächtelangen Telefonaktionen, um die Skeptiker zu überzeugen, dass kritischer Journalismus auch vor der eigenen Tür kehren muss. Wer allerdings wirklich Einfluss auf den Inhalt der taz hat, das sind die 220 Mitarbeiter, die als Genossenschaftler Sonderrechte genießen und den Vorstand wählen dürfen. Letzte Frage: Wäre auch die Bild-Zeitung als Genossenschaft vorstellbar? Konny Gellenbeck weist das von sich. „Niemals, denn dort regiert der Shareholder-Value." Auch im Medienbereich steht Raiffeisens Idee für alternative Werte.

Unsere Oma fährt im Hühnerstall

Auf einem Hühnerhof sollte man sich gut tarnen. Sonst wird man womöglich noch als Fuchs im Hühnerstall erkannt. Aber auf dem Geflügel- und Pferdehof Burkhard gelten recht strenge Hygienevorschriften. Also habe ich mich in den schicken grünen Einteiler geworfen. Ich fühlte mich wie ein, äh … Kennen Sie den Film „Alles was Sie schon immer über Sex wissen wollten" von Woody Allen? Egal. Ich finde es ehrlich gesagt erstaunlich, wie zutraulich die genossenschaftlichen Hühner sind. Sie haben schon ihre Eier gelegt, warten den Fototermin ab und dürfen schon bald hinaus auf ihre Sonnenterrasse. Dort gibt es Futter, Sonne, Freilauf. Die Hühner auf dem Hof der Burkhards legen insgesamt ungefähr 10.000 Eier am Tag. Da gibt es für die Familie Burkhard jede Menge zu tun. Über ein Förderband werden die Eier in die Betriebshalle transportiert und zunächst durchleuchtet, ob sie auch wirklich intakt sind oder ob es kleine Risse gibt. Später werden sie gereinigt und nach Größe und Qualität sortiert. Die überprüften Eier werden gestempelt und kommen entweder in die bekannten 10er-Kartons oder in Paletten für die Gastronomie. Und dann ist gegen Mittag das Tagewerk schon vollendet, denn die nächsten Eier gibt es erst wieder am nächsten Tag. Aber ein Tag Urlaub ist eben auch nicht drin.

Klingeling, hier kommt der Eiermann

An der Warenannahme finde ich keine Klingel, also klopfe ich einfach mal gegen das große Rolltor. Ich werde anscheinend erwartet, denn Marktleiter Bastian Böhringer öffnet zügig das Tor. Ich habe das Gefühl, dass meine Frischelieferung von einem Eierkarton aus Bretten sehnsüchtig im Raiffeisenmarkt Karlsruhe erwartet wird. Der Raiffeisenmarkt von ZG Raiffeisen, eine Unternehmensgruppe mit genossenschaftlicher Tradition, bietet alles, was der Heimgärtner, Tierliebhaber, Heimwerker oder Eierfan braucht. Raiffeisenmärkte bilden das Grundgerüst der großen deutschen Agrarkonzerne, die genossenschaftlich organisiert sind. Und gerade durch die Raiffeisenmärkte, die immer auch den Namen des Genossenschaftsgründers tragen, bleibt der Name Raiffeisens im Bewusstsein der Menschen. Mein regionaler Raiffeisenmarkt im Saarland ist mein erster Anlaufpunkt, wenn ich etwas für den Garten brauche – Werkzeug, Grassamen, neue Topfpflanzen. Wenn ich mich nicht irre, ist aber das Lebensmittelangebot im Saarland nicht so groß wie in Karlsruhe. Vor allem die Auswahl an (genossenschaftlichen) Weinen überzeugt mich sehr. Und natürlich die frischen Eier vom Hühnerhof Burkhard, die ich nun zu ihrer letzten Bestimmung bringe. Schwungvoll brate ich für Herrn Böhringer und mich ein paar Spiegeleier, mitten im Raiffeisenmarkt. Was der Eiermann so alles kann.

Im Düsseldorfer Schlossturm

In Düsseldorf habe ich Thomas Ullrich kennengelernt. Ullrich ist im Vorstand der DZ BANK und engagiert sich bei der Deutschen Friedrich-Wilhelm-Raiffeisen-Gesellschaft. In Düsseldorf haben Herr Ullrich und ich Journalisten etwas über die Genossenschaftsidee und meine Raiffeisen-Tour erzählt. Tue Gutes, und berichte darüber. Für das Pressefrühstück mit den Journalisten hatte Thomas Ullrich als Location den Schlossturm am Rhein vorgeschlagen. Als gebürtiger Kölner war ich noch nie dort. Der Kölner neigt ja dazu, mit Scheuklappen durchs Leben zu laufen – vor allem in Richtung Landeshauptstadt nimmt der Kölner nichts zur Kenntnis. Ich muss aber sagen, ein toller Ort, fehlt nur die Aussicht auf den Dom. Thomas Ullrich hat den Schlossturm vorgeschlagen, weil er sich in Düsseldorf auskennt. Denn nahe des Hauptbahnhofs befindet sich eine Niederlassung der DZ BANK. Und so sind auch die zwei Heimaten des bekennenden Schalke-Fans Ullrich Frankfurt und Düsseldorf. Und wer sind nun die beiden älteren Herren, die sich vorwitzig ins Bild drängen. Düsseldorfer Wirtschaftsjournalisten nach dem zehnten Altbier? Waldorf und Statler? Nein, es sind natürlich die Genossenschaftsväter Raiffeisen und Schulze-Delitzsch, die auch auf einen Sprung nach Düsseldorf gekommen sind.

Raiffeisen-Campus

Der Raiffeisen-Campus in Dernbach im Westerwald ist die erste Privatschule, die sich komplett dem Geist des Genossenschaftsgründers verschrieben hat. Gemeinsamkeit wird großgeschrieben, neue Wege des Lehrens und Lernens werden erfolgreich umgesetzt. Ein paar Beispiele: Eine Schulstunde entspricht einer Zeitstunde, also genau sechzig Minuten. Dadurch ist intensiveres Lernen möglich. In Lernateliers werden unter Oberthemen verschiedene Fächer verknüpft – wenn das Thema Bauernhof „dran ist", findet die Biologie statt, aber auch die Mathematik, denn man muss ja ausrechnen, wie groß der Stall für das Pony werden muss. Schüler kennt man nicht in Dernbach, die Kinder und Jugendlichen sind Lernerinnen und Lerner. Aktiv statt passiv. Ab der achten Klasse wird das Fach „Wirtschaft" angeboten, in enger Zusammenarbeit mit der Akademie der Deutschen Genossenschaften im nahen Montabaur. Da lernen dann die Lerner von der Pike auf Raiffeisen pur. Am beeindruckendsten finde ich aber die Vollversammlungen im Raiffeisen-Campus, die ungefähr fünfzehnmal im Jahr stattfinden. Wer Geburtstag hatte, dem wird ein Ständchen gesungen, und dann wird gelobt. Die Lerner loben einen bestimmten Lehrer, der eine geniale Klassenfahrt organisiert hat. Der Direktor lobt einen Lerner, der sich sozial überragend engagiert hat. Lob statt Kritik, ein Dankeschön, das stark macht.

Mit Philipp am Automaten

Philipp ist Lerner am Raiffeisen-Campus in Dernbach und Vorstandsvorsitzender der Schülergenossenschaft. Die Schülergenossenschaft versorgt die Lernerinnen und Lerner mit Brennstoff für die rauchenden Köpfe – Süßkram. Seit Jahren ist der Süßigkeitenautomat an der Mensa die zentrale Quelle für den kleinen Hunger zwischendurch. Die Mitarbeiter in der Schülergenossenschaft übernehmen den kompletten marktwirtschaftlichen Kreislauf: Einkauf, Auffüllung des Automaten, buchhalterisch korrekte Abrechnung, Nachbestellung und so weiter. Ich vermute, dass der Automat mehrmals täglich aufgefüllt werden muss. Denn der Bedarf der Lernerinnen und Lerner am Raiffeisen-Campus ist enorm. Es bilden sich lange Schlangen am Automaten, diverse Schokoriegel sind Mangelware. „Ich glaube es nicht, hat Tom jetzt wirklich das letzte Balisto gezogen?", beschwert sich eine Sechstklässlerin. Glück gehabt, in einem Schubfach findet sie doch noch den von ihr favorisierten Schokoriegel. Man merkt, dass alle Schülergenossen mit Herzblut und voller Engagement bei der Sache sind – sie arbeiten gemeinsam und mit Freude an dem Projekt. Es gibt 200 Genossenschaftsmitglieder, auch Eltern und Lehrer sind Genossenschafter. Da möchte ich auch dabei sein: Ich erwerbe drei Anteile für 15 Euro. Ruckizucki bekomme ich meine Urkunde und zahle in bar. So schnell bin ich bisher nirgendwo Genossenschaftler geworden!

Delitzsch und Raiffeisen

Schulze-Delitzsch hat Raiffeisen persönlich nie getroffen; bei meinem Besuch in Delitzsch hat sich das geändert. Auf dem Marienplatz mache ich die beiden bekannt. Die Begrüßung zwischen der Schulze-Delitzsch-Statue und Raiffeisen fällt leicht unterkühlt aus. Denn Schulze-Delitzsch kannte Raiffeisen zu Lebzeiten und nannte ihn einen „Fantasten" und „Mitläufer", „der nur eine schlechte Kopie seiner Genossenschaftsidee produzieren wollte", wie der Historiker Walter Koch schreibt. Dabei weisen die Biografien der beiden Genossenschaftsgründer verblüffende Parallelen auf. Als Patrimonialrichter in Delitzsch organisierte Schulze 1846 ein Hilfskomitee und unterhielt eine Mühle sowie eine Bäckerei. Das erinnert stark an die Gründung des Weyerbuscher „Brodvereins" im selben Jahr. Und 1849 gründete Schulze-Delitzsch eine Schuhmachergenossenschaft als Einkaufsgenossenschaft, eine Handwerkergenossenschaft also – ebenso, wie Raiffeisen 1864 in Heddesdorf die Darlehenskasse gründete. Warum heißt der Herr Schulze eigentlich Schulze-Delitzsch? Er war Abgeordneter in der Preußischen Nationalversammlung und Reichstagsabgeordneter als Mitglied der Liberalen. Dort entstand sein Beiname, denn es gab so viele Schulzes, dass der Wohnort beigefügt wurde. Das war die Namenstaufe für Hermann Schulze-Delitzsch.

Hirsebrei und Bimbamgeläute

Im Schulze-Delitzsch-Haus (in diesem Gebäude wurde die erste Schustergenossenschaft gegründet) treffe ich mit Josef Zolk von der Deutschen Friedrich-Wilhelm-Raiffeisen-Gesellschaft Dr. Axel Viehweger, den Vorsitzenden der Deutschen Hermann-Schulze-Delitzsch-Gesellschaft. Die beiden kennen sich seit einigen Jahren, mit einem Kollegen von Herrn Viehweger hat Zolk in Addis Abeba den Kulturerbestatus der Genossenschaftsidee erkämpft. Das Museum verdeutlicht sehr anschaulich den Weg von Schultze-Delitzsch, sein Wirken, seine Hobbys, seine Gegner. Im Reichstag war es vor allem der Sozialdemokrat Lassalle, der Schulze-Delitzsch wegen seiner genossenschaftlichen Aktivitäten anging: „Haarsträubender Blödsinn! Hirsebrei! Gedankenloses Bimbamgeläute!", schimpfte der Genosse. Die Genossenschaftsidee war für Lassalle „verlogenste Täuschung", der Sozialdemokrat fand sie „nervenschmerzerregend". Schulze-Delitzsch hielt dagegen und war Initiator des Genossenschaftsgesetzes von 1869, von dem natürlich auch Raiffeisen profitierte. Der entscheidende Unterschied der beiden Genossenschaftsideen: Schulze-Delitzsch wollte den Mitgliedern der Genossenschaft eine Rendite auszahlen, Raiffeisen wollte wegen seiner christlichen Prägung die Gewinne in der Genossenschaft halten.

Ein Kindheitstraum wird wahr

Seit mich diverse Ex-Freundinnen und Ehefrauen als Hausmann sozialisiert haben, bin ich ein Einkaufsprofi. Ob beim Discounter oder beim Supermarkt-Vollsortimenter: Ich weiß, wo im Supermarkt das Gurkenglas steht, und erwische immer die kürzeste Schlange an den Kassen. Daher wird ein Kindheitstraum wahr, als ich in der REWE/PETZ-Filiale in Wissen/Sieg an der Kasse sitzen darf. Mit professionellem Schwung ziehe ich die Waren über den Scanner und es piepst jedes Mal fröhlich. Auch die Frage, ob meine Kundin Punkte sammele, geht mir flüssig über die Lippen. Auch Treuepunkte? Nur als ich die Paprika abwiegen soll und den Lauchpreis suche, bin ich mit meinem Latein am Ende. Gut, dass gaaaanz zufällig meine erste Kundin Frau Sanktjohanser ist. Frau Sanktjohanser ist Geschäftsführerin der PETZ-Märkte, die Teil der REWE-Supermärkte sind. Aber was hat das alles mit Raiffeisen und Genossenschaften zu tun? REWE ist, 1927 gegründet, eine Einkaufsgenossenschaft. Die Abkürzung steht für „Revisionsverband der Westkauf-Genossenschaften". Auch EDEKA ist eine Einkaufsgenossenschaft der Kolonialwarenhändler. Lustigerweise werden intern alle Waren außer den Frischeprodukten „Kolos" genannt. Kolonialwaren eben.

Polnische Bonbons und dicke Sauerländer

Die Maxidose „Dicke Sauerländer" hat es mir angetan. Maike Sanktjohanser erklärt mir, diese Würstchen seien ein Schnelldreher. In der Fachsprache der Supermarkt-Kaufleute sind die Schnelldreher Produkte, die reißenden Absatz finden und daher schnell ausverkauft sind. Das gilt es zu verhindern, sonst ist der Kunde enttäuscht; daher sollte jeder Kaufmann (oder auch Marktleiter) seine Pappenheimer und Schnelldreher kennen und rechtzeitig nachbestellen. Ich stehe nicht so auf dicke Sauerländer, mir haben es eher die polnischen Bonbons angetan – so etwas habe ich noch nie gegessen. Dass es diese Bonbons überhaupt im Wissener REWE gibt, ist eine Entscheidung des regionalen Kaufmanns, also von Frau Sanktjohanser. Es gehört zur Strategie von REWE und EDEKA, viele Filialen in die Hand von selbstständigen Kaufleuten zu geben, die regional verwurzelt sind. Man merkt auf jeden Fall, dass die Idee Raiffeisens in der Familie Sanktjohanser gelebt wird. Bleibt noch die Frage, wie Maike Sanktjohanser mich denn als Kassierer fand. „Ich würde Sie einstellen", sagt die REWE-Kauffrau, ohne zu zögern. Wenn ich genau darüber nachdenke, wäre das eigentlich eine Aufstiegschance.

Besuch bei einer Legende

Josef Sanktjohanser ist eine Legende des deutschen Einzelhandels. Ehemaliges Vorstandsmitglied der REWE Group, amtierender Präsident des Hauptverbandes des Deutschen Einzelhandels. Aber vor allem regional verwurzelt in seinem Geburtsort Wissen an der Sieg. Dort lebt er noch heute, dort ist die Keimzelle der PETZ-Märkte (gegründet von seinen Eltern), die mittlerweile zur REWE-Gruppe gehören. Mit 35 Märkten in der Region um Wissen und in Ostdeutschland sind Josef Sanktjohanser und seine Familie die mit Abstand umsatzstärksten selbstständigen Kaufleute der REWE Group. Er ist sozusagen ein genossenschaftlicher Kaufmann XXL. Und diese Mammutgröße passt ja auch ganz schön zum Bären, dem Petz, den Sanktjohanser schon früh als Erkennungszeichen seiner Supermärkte eingesetzt hat. Einen sehr wichtigen Nebenjob hat Herr Sanktjohanser: Er ist seit 2007 Mitglied des Verwaltungsrats des 1. FC Köln. 2011 war er nach dem Rücktritt von Wolfgang Overath kurze Zeit kommissarisch Vereinspräsident. Der König der genossenschaftlichen Supermärkte hat sein Lebenswerk gekrönt, indem er den REWE-Schriftzug auf das Trikot der Geißbockkicker brachte, wo er heute noch zu finden ist. Für mich hat der Mann den genossenschaftlichen Nobelpreis verdient.

Der Geißbock in der Gemüseabteilung

Im REWE Richrath in Köln frage ich Thomas Nonn, Bereichsvorstand der REWE Group, wie ich das anstellen könne, Genossenschaftler bei REWE zu werden. Fleißig täglich dort einkaufen und Payback-Punkte sammeln? Nun, das wird wohl nicht reichen, ich müsste schon einen eigenen REWE-Markt als selbstständiger Kaufmann betreiben. Ui ui ui, da muss man aber dicke Bretter bohren. Andererseits: Holger Stanislawski betreibt ja auch als Ex-Trainer einen REWE-Markt in Hamburg. Falls ich, nur so ein Gedankenspiel, irgendwann also wirklich einen REWE betreiben sollte, würde ich mir natürlich auch einen Geißbock in den Laden stellen. Es könnte natürlich sein, dass das nicht überall in Deutschland so gut ankommt wie in Köln. Aber was soll man machen, REWE ist nun mal der Hauptsponsor des 1. FC Köln. Und ich würde das regionale Konzept („Wir aus der Region") der Richrath-Brüder übernehmen, die das wirklich ganz fantastisch in ihren Supermärkten inszeniert haben. Ich kann als Kunde zum einen nachvollziehen, in welcher Entfernung mein Gemüse und Obst produziert werden. Hinweisschilder zeigen Orte und Kilometeranzahl, ich komme mir vor wie beim Wandern im Wald. Außerdem erfahre ich in kurzen Porträts etwas über die Kartoffel-, Möhren- und Spargelbauern und kann mir so ein Bild machen. Da schmeckt das Gemüse direkt noch besser.

Eine Herrenhandtasche als Geschenk

Ich habe auf meiner Raiffeisen-Tour Menschen getroffen, die gesagt haben: „Es gibt nichts Schöneres auf der Welt, als selbstständiger REWE-Kaufmann zu sein!" Einer, der das mit Sicherheit bestätigen würde, ist Peter Richrath, der mit seinem Bruder Lutz 14 REWE-Märkte im Rheinland betreibt. Im REWE Richrath im Kölner Zentrum traf ich den REWE-Kaufmann und war beeindruckt von seinem Konzept. Man denkt nicht an einen Supermarkt, wenn man diesen Gourmettempel betritt. Eine extravagante Waffel- und Eisbar, eine Sushi- und Asian-Food-Theke oder eine Barista-Lounge – der großstädtische Glamourflair wird auf jeden Fall bedient. Mensch Raiffeisen, wenn du sehen könntest, wie populär und gleichzeitig avantgardistisch deine Idee heutzutage daherkommt! Zur Stärkung und für meinen Raiffeisen-Tour-Wanderrucksack schenkt mir Peter Richrath eine Herrenhandtasche. O Gott, kurz bin ich entsetzt, spießiger geht es ja kaum. Aber das Geschenk entpuppt sich als originelles Pappgebinde mit vier kleinen Flaschen Richrath-Landbier. „Der Renner, schon eine Million Mal verkauft, viele Frauen überraschen damit ihre Männer", flüstert mir der Kaufmann zu. Es scheint wirklich der schönste Job der Welt zu sein.

Vorfreude auf Weiberfastnacht

Ich treffe Christoph auf der Domplatte in Köln. Christoph hat mir schnell das Du angeboten. Einerseits ein genossenschaftliches Du und wir sind in Köln, da sind die Umgangsformen rheinisch locker. Christoph Kempkes ist Vorstandsvorsitzender der Raiffeisen Waren-Zentrale Rhein-Main eG, kurz: RWZ. Die Wurzeln der Agrargenossenschaft lassen sich, wie Christoph betont, bis in die letzten Lebensjahre von Raiffeisen zurückverfolgen. In Bonn wurde die erste rheinische Genossenschaft gegründet, vom Kölner Dom wenige Kilometer den Rhein hinauf. Vater Rhein ist für die RWZ auch im digitalisierten 21. Jahrhundert die „Hauptschlagader" des Warentransports. Denn das südliche NRW, Rheinland-Pfalz, Rheinhessen, alle diese Regionen am Rhein, sind RWZ. Um Warenaustausch geht es bei einer modernen Agrargenossenschaft. „Wir versorgen die Landwirte mit allem, was sie brauchen", erklärt Christoph. Also Traktoren, Saatgut, Pflanzenschutz, Dünger, Tierfutter und so weiter. „Dann kaufen wir den Landwirten ihre Waren wieder ab", Volumina werden gebündelt und an die großen Weiterverarbeiter wie Öl- und Mehlmühlen des Landes verkauft. Die RWZ als Einkaufs- und Verkaufsgenossenschaft. Zum Schluss unseres Gesprächs spricht Christoph eine Einladung aus: An Weiberfastnacht wird in der Parkgarage der RWZ in Köln Karneval gefeiert, da ginge die Post ab. Na denn: Dreimal Kölle Alaaf auf die RWZ!

Brotweizen und Futterweizen

Schon von Weitem sieht man die großen Silos des RWZ-Agrarzentrums in Nideggen-Embken in der Nordeifel. In den Silos haben bis zu 35.000 Tonnen Getreide Platz. Das Agrarzentrum hat eine klassische Großhändlerfunktion. Die Bauern liefern den Weizen an, der wird gelagert und an Mühlen und Futtermittelwerke weiterverkauft. Aber bevor der Weizen in die Silos kommt, muss er erst die strenge Qualitätskontrolle von Herrn Langenbrink passieren. Das geht so: Der Bauer fährt mit Traktor und mit Getreide beladenem Anhänger auf die Waage, ein Rüssel saugt eine kleine Probe ab, die bei Herrn Langenbrink im Eimerchen landet. Dann wird geschaut, ob es sich um A-Weizen handelt (daraus wird unser Brot gemacht) oder B-Weizen (damit werden Tiere gefüttert). Es kann aber auch sein, dass der Weizen komplett durch den Labortest fällt, wenn er zum Beispiel zu feucht ist. Denn die Feuchtigkeit lockt Käfer an. Dann muss er erst in einer Trocknungsanlage lagerfähig gemacht werden. Schließlich kommt die Weizenprobe in den sogenannten Besatzautomaten. Herr Langenbrink misst, ob der Weizen sehr verschmutzt ist. Der gesamte Laborvorgang dauert ungefähr fünf Minuten, dann bekommt der Bauer ein Zeichen, seinen Weizen abzuladen. Richtig Stress hat Herr Langenbrink ab dem 15. Juni, dann kommen die Bauern mit ihren Fahrzeugen von früh bis spät. Aber er muss eben alles prüfen, denn Käfer im Brötchen wären nicht so schön.

Kartoffeln von schlauen Bauern

„Wenn Sie im Tiefkühlregal oder bei McDonald's Pommes frites kaufen, sind die Kartoffeln mit großer Wahrscheinlichkeit von uns", erklärt Martin Goebbels stolz. Der Zweimetermann ist Niederlassungsleiter der Weuthen GmbH & Co KG im niederrheinischen Ameln. Ein Traktor mit vollgeladenem Kartoffelanhänger nach dem anderen fährt auf das Betriebsgelände. 45.000 Tonnen Kartoffeln werden pro Jahr am Standort Ameln von den Bauern angeliefert, da kann man eine Menge Pommes draus machen. Insgesamt werden 1,6 Millionen Tonnen Kartoffeln durch die Weuthen GmbH & Co KG als Europas größten Kartoffelhändler gehandelt. Zunächst möchte ich aber klären, was an der Weuthen GmbH & Co KG genossenschaftlich ist. Vielen Landwirten gehört quasi die RWZ, die Raiffeisen Waren-Zentrale Rhein-Main eG, weil sie Genossenschaftler sind. Die Weuthen GmbH & Co KG ist wiederum eine Tochter der RWZ und gehört daher zur Genossenschaftswelt. Ich stehe direkt neben einem Anhänger, voll mit ungefähr 13 Tonnen Kartoffeln, da macht es nur noch „Swusch" und der gesamte Hänger kippt seine Ladung aus. Schrecksekunde am Niederrhein. Als sich der Staub gelegt hat, gehe ich mit Goebbels in die Betriebshalle. Dort werden die Kartoffeln auf gigantischen Förderbändern transportiert, gereinigt, nach Größe sortiert. Die kleinsten kommen geschält ins Glas. Die größten Kartoffeln (von den schlausten Bauern) werden in einem Minilabor mit Fritteuse auf ihre Pommestauglichkeit hin getestet. Schmeckt göttlich!

Zu Besuch bei Käpt'n Blaubeere

Stephan Kisters ist Spargelbauer und trägt seine Holzschuhe, weil sie so bequem sind. Behauptet er zumindest. Vielleicht trägt er seine Holzschuhe auch nur, um seiner unmittelbaren Nachbarschaft zu imponieren. Denn seine Spargelfelder in Walbeck liegen nur wenige Kilometer von der niederländischen Grenze entfernt. Kisters hat die Spargelnummer mit einem Gastronomen vor Ort ganz groß aufgezogen. In der Saison kommen Hunderte mit Bussen nach Walbeck, essen den Spargel von Kisters, trinken den Spargelschnaps von Kisters und fahren mit einem Spargelkörbchen von Kisters wieder nach Hause. „Der Spargel ist unsere Leidenschaft, schon in der dritten Generation", sagt Kisters. Aber seit Kurzem hat Kisters ein neues Hobby und da kommt die genossenschaftliche RWZ ins Spiel. „Die Heidelbeere ist mein neues Steckenpferd und eine Kulturpflanze, die sehr viel Freude macht." Unterstützung bei der Anpflanzung bekommt er vom Pflanzenberater der RWZ. Der setzt Hummeln zur Schädlingsbekämpfung ein, gibt Tipps zum Dammaufbau (ähnlich dem Spargel wächst die Blaubeerpflanze auf einem mit schwarzer Plastikfolie abgedeckten Damm) und zur sogenannten Kulturführung. Kisters braucht als Heidelbeer-Newcomer einfach Hilfe auf allen Gebieten und resümiert als Käpt'n Blaubeere: „Es macht Spaß mit der RWZ!"

Australische Gänseblümchen vom Niederrhein

Ich halte einen Blumentopf in meiner Hand. Auf dem Etikett lese ich: Brachyscome multifida. Und was heißt das jetzt übersetzt? Der Juniorchef des Gartenbaubetriebs, André Engh-Bongers, erklärt es mir. Es sind – Gänseblümchen. Diese kenne ich nur als weißes Blümchen, aber die Blumen in dem Blumentopf sind violett. „Malvenfarben", korrigiert Engh-Bongers sanft. „Das ist eine australische Züchtung." Vor wenigen Minuten bin ich einige Hundert Meter durch viele Glashäuser bis zu den malvenfarbenen Gänseblümchen gewandert. Engh-Bongers fährt die Strecke manchmal mit dem Fahrrad. 38.000 Blumentöpfe der australischen Gänseblümchen werden von Mitarbeitern mit großen Gabeln auf Förderbänder gehoben. Auch ich darf das versuchen, es gelingt, wenn auch im Schneckentempo. Dann werden die Blumen über Förderbänder zu einem Arbeitstisch gefahren, wo sie in Transportkisten verpackt werden. Später wird die ganze Charge bundesweit zu den genossenschaftlichen PENNY-Märkten (die gehören zur REWE Group) gefahren. Die RWZ hat mit ihrem Pflanzenberater geholfen. „Die sind eben immer auf dem neuesten Stand der Pflanzenforschung", sagt Engh-Bongers. Und auch das Etikett des Blumentopfs hat die RWZ designt. Das Motiv mit dem Sofa aus Gras hat allerdings die Oma von André Engh-Bongers entworfen. Ein klassischer Familienbetrieb eben.

Die älteste Carsharing-Genossenschaft

1991 war der Begriff „Sharing Economy" noch nicht verbreitet. Aber schon vor 27 Jahren wurde in der Marzipanstadt Lübeck die erste Carsharing-Genossenschaft Deutschlands gegründet. Hinrich Kählert, Vorstand der StattAuto eG, hat ein schönes Bild für die Vorteile des Carsharings: „Wenn man einen Liter Milch will, kauft man keine Kuh." Es hat sich einiges im letzten Vierteljahrhundert geändert, erzählt mir Kählert. 1991 fing man mit 20 Mitgliedern und genau einem Auto an. Das war echtes One-Car-Sharing. Heute stellen die Lübecker 180 Autos für 3.600 Nutzer zur Verfügung und sind damit die größte Genossenschaft ihrer Art in Deutschland. Neuerdings hat StattAuto auch E-Autos im Programm. Das ist das perfekte Fahrzeug für kürzere Strecken, etwa nach Hamburg oder nach Kiel. Ich mache mit Kählert eine Probefahrt, für mich ist das eine Premiere. Das E-Auto ist, stelle ich fest, das ideale Spielzeug für Leute mit einer Vorliebe für den Kavalierstart. Die Beschleunigung ist irre, an der Ampel versägt man jeden Porsche. Aber die Reichweite geht bedrohlich zurück. Kählert kommentiert trocken: „Die Reichweite hängt von der Fahrweise ab." Mein Fazit: E-Autos finde ich prima, Carsharing ist sowieso super, jetzt muss mir noch jemand – wie man auf dem Bild sieht – erklären, was man an einer Ladestation genau machen muss.

Bad Segeberg ohne Winnetou

Bad Segeberg zwischen Lübeck und Kiel ist berühmt für seine Karl-May-Festspiele. Ich möchte aber nicht den Schatz im Silbersee entdecken, auch nicht das Geheimnis der Felsenburg ergründen. Ich besuche eine ganz besondere und in Deutschland nicht alltägliche Genossenschaft. Im Jahr 2000 gründete sich die Ärztegenossenschaft Nord. Geschäftsführer Thomas Rampoldt erzählt begeistert von der Möglichkeit, dass niedergelassene Ärzte eigenständig mit den Kassen verhandeln dürfen; das ist seit der Jahrtausendwende so. Aber die meisten Mediziner haben weder die Zeit noch das Know-how, um sich da persönlich drum zu kümmern. Also prüfte Rampoldt, welche Gesellschaftsform die beste wäre, um die Interessen der schleswig-holsteinischen Ärzte zu vertreten: eine GmbH, ein Verein, eine AG? Sieger wurde Raiffeisen beziehungsweise seine Genossenschaftsidee. Und sehr viele Mediziner – genau 1.200 – trafen sich vor achtzehn Jahren, um die Ärztegenossenschaft Nord zu gründen. Die Idee begeistert bis heute. Die Ärztegenossenschaft Nord agiert keineswegs nur als Ärztelobbyist. Gestartet ist man primär als Einkaufsgenossenschaft. Aber mittlerweile kümmert man sich vor allem um Projekte, die die Gesundheitsversorgung auf dem Land absichern.

Zukunftsmodell Ärztegenossenschaft

Was macht die Ärztegenossenschaft in Bad Segeberg ganz konkret? Thomas Rampoldt hat es mir erklärt. Die Genossenschaft fungiert als Bindeglied zwischen den Ärzten, Kommunen und Krankenkassen. Ein konkretes Beispiel der Arbeit ist die Weiterbildung von MFAs, den medizinischen Fachangestellten. Wenn der Hausbesuch medizinisch auch von einem oder einer MFA abgedeckt werden kann, entlastet das den Arzt, aber der Patient kommt auch nicht zu kurz. Ein anderes Beispiel: Viele junge Ärzte möchten nicht mehr unbedingt die Praxis des alten Dorfarztes übernehmen. Sie wollen mehr im Team arbeiten, sich nicht in Siebzigstundenwochen aufreiben. Dafür braucht es Ärztezentren in den Kleinstädten. Aus einem solchen Modell ergeben sich allerdings Mobilitätsprobleme der Patienten, die gelöst werden müssen. Darum kümmert sich die Ärztegenossenschaft Nord, und so wirkt Raiffeisens Idee bis in die lebenserhaltenden Bereiche unseres Lebens. Bleibt die Frage, warum sich in diesem Umfang eine Ärztegenossenschaft nur im Norden durchgesetzt hat. Die Nordlichter bilden die größte medizinische Genossenschaft. Vielleicht ein Projekt für den Gesundheitsminister, Ärztegenossenschaften bundesweit als Mitbestimmungsmodell zu fördern?

Mit Raiffeisen im Intercity

Um Herrn Marx einen Besuch abzustatten, bin ich mit Herrn Raiffeisen im Intercity von Köln nach Koblenz gefahren, Weiterfahrt mit dem Regionalexpress nach Trier. Ich weiß gar nicht, ob das nicht die erste Bahnfahrt für den Genossenschaftsgründer überhaupt war. Denn über das Dreieck Köln – Hamm (Sieg) – Koblenz ist Raiffeisen in seinem Leben nicht herausgekommen. Und die Bahnstrecken dieses Lebensmittelpunkt-Dreiecks sind erst relativ spät fertiggestellt worden: die linksrheinische Strecke von Köln nach Koblenz 1858, die Sieg-Strecke (mit Halt in seinem Geburtsort Hamm) 1862, die rechtsrheinische Strecke von Neuwied nach Köln 1871. In allen diesen Jahren war Raiffeisen Bürgermeister von Heddesdorf beziehungsweise dort im Ruhestand. Der Genossenschaftsgründer war also kein besonders mobiler Mensch. Wozu denn auch? Seine Ideen entstanden am Schreibpult, wichtig war der Kontakt zu den Menschen im Westerwald. Und trotzdem verbreitete sich Raiffeisens Idee rasend schnell, Wanderlehrer vermittelten vor allem den Bauern und Winzern die Genossenschaftsidee. Raiffeisen selber musste nicht mobil sein, er war kein termingehetzter und global vernetzter Manager, sondern ein regional fest verankerter Ideengeber. Eigentlich auch wieder sehr modern.

Ein Besuch in Trier

Herr Marx, das ist Herr Raiffeisen. Herr Raiffeisen, das ist Herr Marx. Beide Jahrgang 1818, beide im Jahr 2018 groß gefeiert. Auf meiner Station in Trier haben sich der Genossenschaftsgründer und der Kommunismuserfinder das erste Mal getroffen, zu Lebzeiten haben sich die beiden nicht gesehen. Ich glaube auch nicht, dass Marx sonderlich erpicht auf ein Treffen gewesen wäre. Schließlich hat Raiffeisen ja eine ganz wesentliche Prophezeiung von Marx hintertrieben. Denn laut Marx ist die kommunistische Revolution unausweichlich, da das Kapital die Arbeiter aussaugt, das Proletariat wird revoltieren. Und was macht Raiffeisen? Er gibt Arbeitern und Bauern das Kapital in die eigenen Hände. Ein Skandal für Marx: Das Proletariat wird bourgeois! Die über fünf Meter hohe Marx-Statue ist bekanntlich ein Geschenk des Staates China. Die einen sagen: „Pfui, ein trojanisches Pferd – die Chinesen nehmen doch tatsächlich die Thesen des Bartzausels ernst." Die anderen sagen: „Ach der Marx hatte doch seine historischen Stärken und war in Trier unterrepräsentiert – ist doch gut, dass die Moselmetropole nichts für die Statue zahlen musste." Auf dem Bild links Herr Friedrich, der mir nach dem Fototermin im Zentrum der Stadt unbedingt noch zwei weitere Statuen in seiner Bankfiliale zeigen wollte.

Sockel und Podest

Norbert Friedrich, Vorstand der Volksbank Trier eG, lockt mich in das Foyer seines Geldinstituts. Und dort stehen die beiden Zweihundertjährigen und sehen eigentlich ganz frisch aus. Die Symbolik der beiden Statuen ist verblüffend genial. Zur Rechten Raiffeisen in Originalgröße, auf kleinem Podest, ganz in Blau. Das passt zum Bankambiente, denn man nennt ja die bankwirtschaftliche Raiffeisen-Welt auch die blauen Genossenschaften. Da aber die Agrargenossenschaften die grüne Raiffeisen-Welt bilden, hätte der gute Friedrich Wilhelm auch sehr schön in Blau-Grün ausgesehen. Egal. Aber was ist denn mit dem armen Karl Marx passiert? Der sieht ja aus, als wäre er zu heiß gewaschen. Auf einem riesigen Podest erscheint Marx im Gartenzwergformat. Schön auch die Napoleon-Geste. Und es stimmt ja: Wenn man die Dinge vom Ergebnis her betrachtet, ist Raiffeisens Wirkung riesengroß gewesen. Viele sagen hingegen, die Auswirkungen der Marx-Ideen seien verheerend gewesen. Der eine hat der Welt eine Milliarde Genossenschaftler geschenkt, der andere hat der Welt geschätzte 100 Millionen Tote hinterlassen, die den kommunistischen Regimen durch Krieg und Terror zum Opfer gefallen sind. Und trotzdem wird Marx bis heute auf einen Sockel gestellt. Einen Sockel, den Raiffeisen gar nicht nötig hat.

Auf die Fröhlichkeit!

Friedrich Wilhelm Raiffeisen lebte in rauen Zeiten und hat etwas Bleibendes für seine Mitmenschen, um nicht zu sagen die Menschheit, erschaffen. Ich finde, man merkt Raiffeisens Miene die drückende Schwere seiner Aufgabe an. Er schaut ernst, manchmal sogar ein wenig besorgt. Es ist kein Bild überliefert, auf dem Raiffeisen lächelt. Und doch gab es diese fröhliche Seite Raiffeisens, sie bestimmte eine ganz entscheidende Phase seines Lebens. Seit 1838 war der spätere Genossenschaftsgründer in Koblenz und Winningen/Mosel Mitglied des Euterpia-Vereins. Dieser Verein für Fröhlichkeit (und vor allem Humanismus) war streng genommen eine subversive Vereinigung. Denn Raiffeisen und seine Freunde (darunter die Baedeker-Brüder, die die ersten Reiseführer der Welt erfanden) unternahmen nicht nur Wanderungen und sprachen dem Weine zu. Nein, man war freiheitsliebend und das war in den 1840er-Jahren, wenige Jahre nach dem Fest auf Schloss Hambach, durchaus als Statement gegen die fürstliche und königliche Obrigkeit zu verstehen. Am liebsten wäre Raiffeisen an der Mosel geblieben und ebenda Bürgermeister geworden. In einer Weinstube am Rhein habe ich mit Raiffeisen auf die alten Zeiten angestoßen, er hat mir das Du angeboten, und wenn ich mich nicht sehr getäuscht habe, hat er dabei auch ein wenig gelächelt.

Schloss Montabaur

Sehr interessant war mein Besuch in der Akademie Deutscher Genossenschaften (ADG). Die Akademie ist das Kraftzentrum des deutschen Genossenschaftslandes, sehr edel thront sie im Schloss Montabaur über dem Westerwald. Man muss sich das Schloss als Tagungsstätte mit Übernachtungsmöglichkeit vorstellen. Jeder Urlauber kann im Schloss übernachten, die Verpflegung ist sehr abwechslungsreich und lecker. Aber vor allem atmet die ADG den Geist Raiffeisens. Mittels einer pfiffigen Videoinstallation werden die Ideen des Genossenschaftsgründers lebendig – Raiffeisen spricht zu uns. In einem sogenannten Dialograum verdeutlichen Skizzen die genossenschaftlichen Fantasien und Visionen der Akademiebesucher. Jeder Mitarbeiter einer Genossenschaftsbank, der in leitende Positionen aufsteigen will, kennt die ADG. Denn dort wird in Seminaren vermittelt, was es heißt, Teil einer Genossenschaft zu sein. Es gibt zwei weitere Stränge der ADG: eine Business School, in der man „Genossenschaft" studieren kann, dazu auf der nächsten Seite mehr. Und ein Forschungsinstitut, das unter anderem ein genossenschaftliches Monopoly entwickelt hat. Sonderregel: Drei Spieler dürfen sich mit ihren Straßen zusammentun und Hotels bauen – das ist Raiffeisen pur.

Der rote Faden

Zumeist wird unterstellt, Wirtschaft und Moral seien zwei getrennte Sphären. Dieser Sichtweise widerspricht Viktoria Schäfer fundamental. Bei unserem Interview war Frau Schäfer wissenschaftliche Assistentin an der ADG und Doktorandin. An der Business School der ADG kann man regelrecht Genossenschaft studieren, den Bachelor, Master und sogar den Doktor in Raiffeisen machen. Auch ein Seniorenstudium ist möglich, das könnte für mich noch mal interessant werden. Ihre Doktorarbeit schreibt Viktoria Schäfer über Adam Smith, der ja vielen als Gottseibeiuns des fiesesten Brachialkapitalismus gilt. Aber Frau Schäfer hat eine „sentimentale Ader" bei Smith entdeckt, eine nicht zu unterschätzende Wirtschaftsethik. Um diese Ethik sollte es – mit betriebswirtschaftlicher Grundlage – bei allen genossenschaftlichen Banken gehen. „Die Wirtschaftsmoral muss sich durch alle Seminare wie ein roter Faden ziehen." Und diesen roten Faden findet die Doktorandin sogar bei Adam Smith, ihrer Meinung nach gilt das für die gesamte Wirtschaftswissenschaft: „Man könnte sagen, es geht nicht ohne einander. Alles andere basiert auf einem Missverständnis." Und dieses Miteinander, das Wirtschaftsmoralische, soll die ADG vermitteln. Denn, das ist das Fazit von Viktoria Schäfer: „Die Genossenschaftsidee ist moderner denn je und hat Zukunft."

Ein neuer Seminarleiter

In der Akademie habe ich mir, wie soll ich sagen, einen kleinen Streich erlaubt. Ich bin einfach in ein Seminar geplatzt. Na gut, der Seminarleiter war eingeweiht, dass ich sein Seminar über Immobilienmanagement unterbreche. Aber die Seminarteilnehmer, Volks- und Raiffeisenbank-Mitarbeiter aus ganz Deutschland, waren doch sehr erstaunt, als ich eine Art Raiffeisen-Test veranstaltete. Wann wurde Raiffeisen geboren? Wo war Raiffeisens Wirkungskreis? Die Basics eben. Das Ergebnis: erschreckende Ahnungslosigkeit. Es folgte der Auftritt von Werner Böhnke, Vorsitzender der Deutschen Friedrich-Wilhelm-Raiffeisen-Gesellschaft, ehemaliger Vorstandsvorsitzender der WGZ BANK und Mitglied im Aufsichtsrat der DZ BANK. In einer flammenden Spontanrede vor den begeisterten Seminarteilnehmern ruft er dazu auf, die Idee Raiffeisens offensiv zu vertreten. Im Klartext: Bei den Volks- und Raiffeisenbanken stehen die Kunden an Nummer eins. Bei anderen Banken steht der Aktionär, der Shareholder-Value an erster Stelle, dann kommt der Kunde. Und wenn man es genau bedenkt, steht der Kunde sogar an dritter Stelle und die Aktionäre stehen an zweiter Stelle, denn an erster Stelle stehen bei vielen Banken die Investmentbanker, die Milliarden Euro an Boni einstreichen. Volltreffer. Eine flammende Rede für die Genossenschaftsbanken zur rechten Zeit und am rechten Ort. Und schon hat die ADG einen neuen Seminarleiter.

Eine sehr moderne Idee

Dr. Walter Krupp von der ADG in Montabaur ist der Leiter der Forschungsabteilung. Man darf sich aber Herrn Krupp nicht als trockenen Fachreferenten vorstellen, bei dem die Zuhörer schon eingeschlafen sind, wenn er das Wort „Ge-noss-en-schaft" ausgesprochen hat. Nein, Dr. Krupp ist ein feuriger Überzeugungstäter, ein Raiffeisenianer aus Überzeugung, der die Gabe hat, auch andere Menschen zu überzeugen. Und vor allem hat Dr. Krupp die Fähigkeit, auch einem Geno-Laien wie mir das Genossenschaftswesen zu erklären. Schwungvoll malt er drei Punkte auf ein Flipchart. Es ist so einfach wie beim Skat – man braucht nur drei Menschen, um eine Genossenschaft zu gründen. Drei Menschen – und eine Idee natürlich. Der entscheidende Unterschied zum Skat: In einer Genossenschaft hat keiner ein besseres oder ein schlechteres Blatt als der andere. Alle sind gleich, egal ob jemand eine hohe Einlage getätigt hat oder eine niedrige. One man (oder natürlich auch woman), one vote! Aber ist das auch modern? Und wie! „Wir stellen einen Wertewandel in der Gesellschaft fest", sagt Dr. Krupp. Nicht die Profitmaximierung stehe im Vordergrund, sondern die Frage: „Was kann ich für die Gesellschaft tun?". Damit ist Raiffeisens Idee die modernste und fairste Gesellschaftsform der Welt. Sagt nicht Dr. Krupp, das sage ich.

Der größte Raiffeisen-Kopf der Welt

Eine sehr schöne Station auf meiner Raiffeisen-Tour 2018. Wir fahren nach Unterfranken, in den Landkreis Kitzingen. Ich treffe Erich Ruppert, pensionierter Bankvorstand der regionalen Volks- und Raiffeisenbank. 2002, zum Jubiläum seiner Bank, schuf er ein beeindruckendes Denkmal von Friedrich Wilhelm Raiffeisen. In wochenlanger Arbeit fräste er die Gesichtszüge des Genossenschaftsgründers mit einer Heißluftpistole in mächtige Styroporplatten. Wohlgemerkt, Herr Ruppert ist kein gelernter Bildhauer, das hätte künstlerisch ganz schön in die Hose gehen können – ist es aber nicht. Ein befreundeter Metallbauer bastelte die gigantische Brille, und als er die drei Styroporblöcke mit Metallhaken verband, entstand ein monumentaler, zweieinhalb Meter hoher Raiffeisen-Kopf mit der Inschrift „Vater Raiffeisen". Zum 200. Geburtstag holte Ruppert den größten Raiffeisen-Kopf der Welt aus der Scheune und fuhr mit mir eine Runde über die Felder seines Wohnorts. Wir auf dem Trecker, Raiffeisen auf dem Hänger. Laut einer Forsa-Umfrage verbinden nur vier Prozent aller Deutschen mit dem Namen „Raiffeisen" eine konkrete Person. Ich finde Menschen wie Erich Ruppert toll, die Raiffeisen ein Gesicht geben.

Ein Genossenschaftsfan im Bamberger Schlenkerle

Auf der Raiffeisen-Tour habe ich im schönen Bamberg Station gemacht. Was das Marzipan für Lübeck und die Printen für Aachen, das ist in Bamberg das berühmte Rauchbier. Man sagt, das erste Bier des Abends würde in etwa so schmecken, als habe man in ein Schinkenbrötchen gebissen, aber ab dem zweiten dunklen Bier habe man sich an den Geschmack gewöhnt und könne (fast) endlos zechen. Das musste ich als ehemaliger Bierbotschafter testen. Die berühmteste und traditionsreichste Bamberger Gastwirtschaft ist das Schlenkerle, in dem das gleichnamige Rauchbier ausgeschenkt wird. Der Name Schlenkerle bezieht sich auf einen ehemaligen Wirt des Etablissements, der wohl immer lustig mit den Armen geschlenkert hat. Wie auch immer, ab dem zweiten Bier begann dieses Schlenkerle tatsächlich zu schmecken, so blieben wir bis zum Zapfenstreich. Unsere Bedienung hatte mich erkannt und fragte nach getaner Arbeit, was ich in Bamberg machen würde. Als ich von der Raiffeisen-Tour erzählte, gab sich die Kellnerin als Genossenschaftsfan zu erkennen. Sie habe selbstverständlich Anteile der Bamberger Raiffeisen-Bank, auch ihren Enkelkindern habe sie schon welche vermacht. Und natürlich wäre ihr kompletter Hausbau ohne die BayWa nicht möglich gewesen. Es sind genau diese Begegnungen, die die Raiffeisen-Tour einmalig machen.

Der soziale Faktor

Auf unserer Raiffeisen-Tour fahren wir mit zwei großen Kraftwagen durch Deutschland, einem Neunsitzer und einem Wohnmobil. Die haben Durst und brauchen immer wieder Sprit. Gut, dass wir am BayWa Standort in Bamberg eine Tankstelle finden. Vielen Menschen ist der Genossenschaftsgründer Friedrich Wilhelm Raiffeisen unter anderem ein Begriff, weil sein Name mit Tankstellen verbunden wird. Banken und Tanken, das verbinden die meisten mit Raiffeisen. Anke Zimmermann ist seit ihrer Ausbildung bei der BayWa. Was viele nicht wissen: Genossenschaftlich geprägte Unternehmen wie die BayWa handeln auch mit Energie, und darum kümmert sich eben mit vielen anderen Mitarbeitern Frau Zimmermann. Sie ist schon seit vielen Jahren im Betrieb, mit der BayWa verbindet sie „eine lange Geschichte", wie sie sagt. Mit 15 Jahren Bürokauffrau gelernt, in die Kreditabteilung und Personalabteilung hineingeschnuppert, schließlich ist sie im Energiesektor gelandet. Die soziale Komponente schätzt sie sehr an ihrem Arbeitgeber. Nach einer Babypause war es kein Problem, in Teilzeit zu gehen. „Und meine Kitakosten werden zur Hälfte von der BayWa übernommen." Stichwort Fachkräftemangel: Man muss eben schon frühzeitig den Nachwuchs an die BayWa binden.

In der Werkstatt

Lea Virnekäs ist Auszubildende im ersten Lehrjahr am BayWa Technik-Standort in Bamberg. Im Jahr 2018 sollte es selbstverständlich sein, weibliche Mechaniker im Grünmann arbeiten zu sehen, aber der Ausbildungszweig ist dennoch sehr männlich orientiert. Lea ist allerdings nicht als „Quotenfrau" zur BayWa gekommen; sie ist schon seit Kindesbeinen von Treckern fasziniert. Schon als Kind durfte sie auf dem Hof ihres Onkels „Schlepper fahren". Nun wurde ihr Traum wahr und sie macht eine Ausbildung bei der BayWa. „Es macht mir richtig Spaß, hier zu arbeiten", sagt Lea. In der Werkstatthalle stehen viele grüne Traktoren, auch ein Oldtimer ist dabei. Und ein riesiger Mähdrescher, ein Ungetüm, ausgestattet mit neuester Digitaltechnik. „Den habe ich zusammengebaut", berichtet Lea stolz. Zukunftsmusik: In zehn Jahren möchte Lea in den Vertrieb wechseln, um Traktoren zu verkaufen. Alles möglich bei der BayWa, denn Leas Chef, Spartengeschäftsführer Technik Franken Günter Schuster, fördert Berufskarrieren mit wechselnden Tätigkeiten. Er findet, das passe hervorragend „zum Geist von Raiffeisen". Man kann sich in verschiedenen Bereichen ausprobieren, die BayWa bleibt aber der Arbeitgeber. Anscheinend ein guter Arbeitgeber, denn Leas Fazit ist: „Hier wird sich sehr um einen gekümmert."

Bambergs Hafen – Tor zur Welt

Es scheint mir die regionale Uniform vieler BayWa Mitarbeiter zu sein – der fesche Trachtenjanker als Ausweis der bayerischen Identität. Aber immerhin ist die BayWa einer der Toparbeitgeber im ländlichen Raum in Süddeutschland mit allem, was dazugehört. Und daher trägt auch Günter Schuster das bayerische Regionalsakko, als wir uns zum Gespräch in Bamberg treffen. Schuster hat, wie er sagt, das „volle Programm" mitgemacht. Nach einer Ausbildung bei der BayWa stieg er langsam, aber zielstrebig 42 Jahre lang die Karriereleiter hinauf und ist nun Spartengeschäftsführer Technik Franken. Eine Treue zu dem genossenschaftlich geprägten Unternehmen, der ich oft auf meiner Raiffeisen-Tour begegnet bin – zum Beispiel auch bei den Volks- und Raiffeisenbanken. In Bamberg findet sich der typische BayWa Mix, also die Sparten Baustoffe (alles, was man braucht, um Scheune und Eigenheim zu bauen), Technik (alles rund um das Thema Landmaschinen), Energie (alles, was man braucht, damit die Landmaschinen auch laufen) und Agrarhandel. Was Letzteres betrifft, hat Bamberg einen entscheidenden Standortvorteil. Denn – man höre und staune – der Hafen direkt am BayWa Gelände ist Bambergs Tor zur Welt. Man nennt Bamberg daher auch gerne das Rotterdam von Oberfranken.

So geht Digital Farming

Ich stehe mit Josef Bauer, Leiter der Pflanzenbauberatung bei der BayWa, auf einem Acker in der Nähe von Landshut. Der Landwirt, dem dieser Acker gehört, setzt auf die Digitalisierung. Die BayWa ist Vorreiter im modernen Ackerbau. Das Unternehmen wurde 1923 als „Bayerische Warenvermittlung landwirtschaftlicher Genossenschaften AG" gegründet. Seitdem ist die BayWa immer am Puls der Zeit geblieben. Nehmen wir als Beispiel diesen Acker in der Nähe von Landshut. Es soll Mais gesät werden, aber es gibt naturgemäß eine große Sortenvielfalt von Maissamen, und nicht jede Sorte ist für dieses Feld optimal geeignet. Aber welche die richtige ist, das wissen Menschen wie Josef Bauer. Fragt sich nur, wie viel man säen sollte. Auch dafür gibt es eine Expertise der BayWa. Dabei müsste Herr Bauer eigentlich gar nicht auf diesem Feld stehen, um zu entscheiden, welches und wie viel Saatgut in die Scholle gehört. Auf diesem Feld steht er ausschließlich, weil ich ihn zum Interview gebeten habe. Nein, Herr Bauer könnte gemütlich vor seinem Computerbildschirm sitzen und sich die Satellitenkarte des Ackers anschauen – das nennt man Digital Farming. Dort sieht er dank Satellitentechnik punktgenau, in welchen Sektoren das Feld ertragreich ist, fruchtbar im Wortsinne also. Und dann weiß die Sämaschine, wo sie mehr und wo sie weniger Saatgut säen muss.

Hände weg vom Lenkrad!

„Hände weg vom Lenkrad!", ruft mir Michael zu. Michael ist heute mein Fahrlehrer. Von meinen normalen Fahrstunden kenne ich es eher umgekehrt, da hieß es immer: „Hände ans Lenkrad, beide!" Aber ich sitze mit Michael auf einem Fendt 724 (die letzten beiden Ziffern zeigen an, dass dieses Monstrum 240 PS unter der Haube hat) und der ist eher ein Landwirtschaftscomputer als ein Traktor. Michael ist bei der BayWa Produktspezialist für „Precision Farming". Das ist kein bayerischer Dialekt – es geht um Effektivität und Genauigkeit in der Landwirtschaft. Lustig finde ich, dass bei der weitestgehenden Digitalisierung der Landwirtschaft das entscheidende Werkzeug für Michael ein weißer Zollstock mit grünem BayWa Aufdruck ist. Mit diesem präzisen Gerät kann er nachmessen, ob der Fendt auch zentimetergenau das Saatgut und den Dünger verteilt hat. Denn das ist die Aufgabe des Traktors: gleichzeitig zu säen und zu düngen, und das mit einer Genauigkeit von 2,5 Zentimetern. Nachdem ich mich in den Traktor gesetzt und Michael die Maschine angeschaltet hatte, versank ich erst einmal im Sitz. Denn auch diesbezüglich arbeitet der Trecker exakt: Erst wurde mein Körpergewicht vermessen, dann der Sitz angepasst. Wenn der Fendt fährt, heißt es nur noch: „Hände weg vom Lenkrad!", denn das Ding fährt autonom.

Zuhause

„Wir sind dem Gedankengut von Friedrich Wilhelm Raiffeisen sehr verbunden. Erstens: weil die Gründerväter Genossen waren. Zweitens: weil wir uns dem Stakeholder-Value verpflichtet fühlen." Ich interviewe Professor Klaus Josef Lutz, den Vorstandsvorsitzenden der BayWa AG. Bad Tölz ist die südlichste Station meiner Raiffeisen-Tour 2018. Wir stehen auf dem Gelände eines Baustoffbetriebs der BayWa, im Hintergrund schneebedeckte Berge. Mit über 18.000 Mitarbeitern ist die BayWa der größte Agrarhändler Europas mit zunehmend globaler Ausrichtung, erzählt Professor Lutz. Baustoffe spielen für das genossenschaftlich geprägte Unternehmen eine wichtige Rolle und erschöpfen sich nicht in Kies, Sand, Dämmplatten. Auf einer großen Ausstellungsfläche kann man sich an einem virtuellen Raumdesigner das Haus seiner Träume zusammenstellen. Welche Farbe hat der Boden, wie sehen die Fenster aus. Bad Tölz ist ein „BayWa Zuhause"-Standort: ein Bemusterungszentrum für Fenster, Türen, Tore, Böden und Gartenbau mit Premiumservices wie zum Beispiel Fachberatung zum Modernisieren. „Die Haptik ist wichtig", sagt Professor Lutz dazu, „ich muss die Tür anfassen können, den Sound hören, wenn sie zugemacht wird." Und warum schnüffle ich an dem BayWa Backstein? Ein einfacher Test, denn unter dem Motto „Gesundes Bauen" verspricht die BayWa emissionsarme Baustoffe.

Die Türklinke der Raiffeisenbank

Auf der Raiffeisen-Tour 2018 bin ich in Norddeutschland unterwegs, wir fahren vom Hotel in Oldenburg Richtung Edewecht, zur Zentrale des Deutschen Milchkontors. Stopp! An der Autobahnauffahrt sehe ich eine wunderschöne Bankfiliale, eine Raiffeisenbank, und das steht in großen Buchstaben über dem Haupteingang. Aus Österreich kennt man es, dass der Name „Raiffeisen" und die gekreuzten Pferdeköpfe an jedem genossenschaftlichen Bankinstitut sehr präsent sind, in Deutschland ist es mittlerweile die Ausnahme. Wir stoppen an der Raiffeisenbank und ich frage einige Kunden, wie glücklich sie mit ihrer Bank sind. „Ich bin sehr zufrieden", meint eine Kundin, „Ich möchte keine andere Bank haben" eine andere und ein Kunde sagt: „Weiter so!" Bei meiner absolut nicht repräsentativen Umfrage hat sogar fast die Hälfte der Befragten Genossenschaftsanteile: „Das gefällt mir, sonst würde ich es nicht machen." Ein anderer Kunde konstatiert stolz: „Die Türklinke gehört schon mir." Anscheinend hat er nicht gemerkt, dass er gerade durch eine automatische Schiebetür gegangen ist. Und ist Raiffeisen als Person bekannt? „Ja, den kannte ich schon, den Friedrich Wilhelm von Raiffeisen." Eigentlich angemessen, den Genossenschaftsgründer in den Adelsstand zu erheben.

Wozu hat man eine Versicherung?

Kathrin Hoffmann zeigt mir den Markenraum der R+V Versicherung. Wie bei einer Familie stehen am Anfang der Stammbaum und die Frage: Wo kommen wir her, wo sind unsere Wurzeln, woher stammen die Initialen „R" und „V"? Am Anfang steht natürlich – wie bei allen Stationen in diesem Buch – Friedrich Wilhelm Raiffeisen. Schöne gelbe Emailleschilder zeigen den Namenswandel des Unternehmens. Ab 1922 als Raiffeisen Versicherungsgesellschaften über die Regeno Raiffeisen bis zur Raiffeisen- und Volksbanken Versicherung ab 1952, die bis heute der Versicherungsdienstleister der genossenschaftlichen Banken ist. Der lange Name wurde 1973 abgekürzt zu R+V Versicherung. Köstlich ist ein altes Metall-Werbeschild. Im Hintergrund die Skyline von Köln mit Dom und Altstadt als Schattenriss. Groß rechts vorn eine äußerst mondäne Dame mit schickem Riesenhut, die sich noch mal schnell das Näschen pudert. Und im Hintergrund ihr (wahrscheinlich recht dämlicher) Chauffeur, der gerade einen Unfall verursacht hat. Dazu der Werbeslogan: „Wozu hat man eine Versicherung?" Im Markenraum werden aber auch die Markenwerte „Vorausschauend", „Mit Herzblut engagiert", „Gemeinschaftlich" und „Solide" sehr pfiffig präsentiert. Diese Markenwerte kann man problemlos auf alle Genossenschaften übertragen.

Enthüllung des Raiffeisenplatz-Schildes mit Norbert Rollinger

Norbert Rollinger ist der Vorstandsvorsitzende der R+V Versicherung. Norbert Rollinger war mir auf den ersten Blick sympathisch, ist er doch wie ich Fan des 1. FC Köln. Da bekanntlich die Fans des Geißbockvereins über außergewöhnliche Eigenschaften verfügen (vor allem Begeisterungs- und Leidensfähigkeit), ist Norbert Rollinger ohne Zweifel der beste Vorstandsvorsitzende einer deutschen Versicherung. Aber das nur am Rande. Viel wichtiger war bei meinem Besuch in Wiesbaden, dass ich Zeuge einer schönen Zeremonie sein durfte. Die R+V Versicherung ist mit 5.500 Mitarbeitern allein in Wiesbaden der größte private Arbeitgeber der hessischen Landeshauptstadt. Schon seit einiger Zeit hat die Zentrale der genossenschaftlichen Versicherung die schönste Adresse, die man sich vorstellen kann: Raiffeisenplatz 1. Aber an diesem schönen Frühsommertag im Juni haben Norbert Rollinger und sein Sidekick ein weiteres Schild enthüllt. Auf der Personeninformation unter dem Straßenschild sind die Lebensdaten von Friedrich Wilhelm Raiffeisen und seine herausragende Rolle als Genossenschaftsgründer beschrieben. Meine größte Sorge vor dem Festakt war, dass sich das blaue Tuch beim Enthüllen verheddern könnte. Aber es kam dann so, wie es der Kölner nicht schöner hätte sagen können: „Et hätt noch immer jot jejange!"

Eine Versicherung fährt autonom

„Wir sind als Versicherung sehr erfolgreich unterwegs, was auch an den universellen Prinzipien liegt, die Raiffeisen uns geschenkt hat", sagt Norbert Rollinger, als wir uns in Bewegung setzen. Unterwegs ist ein gutes Stichwort. Elf Kilometer schnell ist der autonom fahrende Minibus, in dem ich mit dem Vorstandsvorsitzenden der R+V Versicherung sitze. R+V ist das erste privatwirtschaftliche Unternehmen, bei dem ein solches Fahrzeug nicht nur auf einem Privatgelände, sondern im öffentlichen Straßenverkehr zum Einsatz kommt. Nun gut, nur etwa 100 Meter den Raiffeisenplatz hoch und hinunter, aber immerhin. Warum investiert eine Versicherung in autonomes Fahren? Rollinger hat die Antwort: „Wir sind der drittgrößte Autoversicherer Deutschlands. Da stellt sich doch die Frage: Brauchen wir für das autonome Fahren überhaupt noch Versicherungen, wenn es keine Unfälle mehr gibt?" Es stimmt schon, unser Gefährt ist sehr sicher. Als Kameramann Guido auf der Straße hockt, um den Bus aus der Froschperspektive zu filmen, bremst das Gefährt vor ihm eigenständig ab. Rollinger erklärt weiter: „Um herauszufinden, was es beim autonomen Fahren zu versichern gibt, setzen wir uns an die Spitze der Bewegung." Ein Versicherer kann auch in Zukunft noch einspringen, wenn das autonome Fahrzeug gestohlen oder von einem Hagelschauer getroffen wird.

Eine nachhaltige Versicherung

„Wie verantwortlich legen wir das Geld unserer Kunden an?" Das ist eine der Fragen, die sich Dr. Ralph Glodek von Berufs wegen stellt. Glodek ist Nachhaltigkeitsbeauftragter der R+V Versicherung, und in einem solchen Unternehmen ist die Eingangsfrage elementar. Und so gibt es Nachhaltigkeitsregeln bei der R+V, was den Finanzsektor angeht: keine Investitionen in geächtete Waffen, keine Spekulationen mit Agrarrohstoffen, kein Geld für Firmen, die mehr als 30 Prozent mit Kohle erwirtschaften. Aber auch im Firmenalltag spielt Nachhaltigkeit eine große Rolle. Glodek hat nachgerechnet: Die Mitarbeiter der Versicherung verbrauchen bei der Arbeit acht Tonnen Kaffeebohnen jährlich. Logisch, sie müssen ja auch immer hellwach sein. Daher werden die hauseigenen Kaffeeautomaten mit fair gehandeltem Kaffee bestückt. Andere Baustelle: Papierverbrauch. Allein an die Kunden der Versicherung gehen jährlich 140 Millionen Blätter, das entspräche einem Verbrauch von 3.500 Bäumen. Daher beträgt der Anteil an Recyclingpapier inzwischen schon 70 Prozent. Nicht zufällig stehen wir an einer Ladestation für E-Autos. R+V spendiert seinen Mitarbeitern und Gästen den Strom, um diese Art von Mobilität zu fördern. Und zum Abschied schenkt mir der Nachhaltigkeitsbeauftragte ein Glas Honig, R+V-Honig von glücklichen Bienen. Hoffentlich ist der Imker gut versichert.

Ch-Ch-Ch-Ch-Changes

André Dörfler ist bei der R+V Versicherung in Wiesbaden als Innovationsmanager und Changeberater angestellt. Was das genau bedeutet, dazu gleich mehr. Eigentlich passen die beiden Jobbezeichnungen auch hervorragend zu Friedrich Wilhelm Raiffeisen. Denn auch der hat mit der Genossenschaftsidee einen gewaltigen Wandel herbeigeführt, der bis heute nachhallt. Und Innovationsmanager war Raiffeisen sowieso. Denn spätestens in seinem Buch über die Darlehenskassen-Vereine hat er seine innovativen Ideen der Nachwelt vermacht. Dörfler muss lachen, als ich vermute, dass ein Innovationsmanager täglich zehn bis zwölf sensationell gute Ideen haben muss. Dörflers Aufgabe ist es, in der R+V eine Unternehmenskultur zu fördern, die innovative Ideen ermöglicht. Dazu gehört auch die Ausstattung der Akademie, die die Mitarbeiter der Versicherung sowohl ausbildet als auch weiterbildet. In den Arbeitsräumen hat keiner einen festen Arbeitsplatz. „Ich muss morgens überlegen, welche Aufgabe ich habe. Dann suche ich mir den entsprechenden Arbeitsplatz", sagt Dörfler. Mancher arbeitet je nach Tagesplan mit Blick ins Grüne, in abgeschotteten Riesensesseln oder an höhenverstellbaren Schreibtischen. Abends gilt: „Clean Desk!" Kein Papierstapel und Familienfoto bleibt zurück, alles geht auf null.

Die Fans von Raiffeisen

Bei der R+V Versicherung gibt es einen ganz besonderen Fanklub. Keinen Fanklub von Schalke 04, obwohl die R+V Versicherung Sponsor der Knappen ist. Nein, aus einer Initiative der firmeneigenen Akademie ist ein Fanklub der Genossenschaftsidee entstanden. Die Geno-Fans haben sich getroffen und erst einmal definiert, wie sie auf die Idee Raiffeisens gestoßen sind. Ein Fan schrieb auf einen bunten Zettel, er habe durch die Spardose seiner Raiffeisenbank den ersten Kontakt bekommen. Auch andere haben den Genossenschaftsgedanken mit der Muttermilch aufgesogen – die Eltern von Herrn Dörfler führten beispielsweise einen EDEKA-Markt. Erstaunlich: Ein Mitarbeiter schrieb, er sei in Neuwied-Heddesdorf groß geworden, in dem Ort also, in dem Raiffeisen die Darlehenskasse gründete. Und in Heddesdorf wächst man natürlich mit „Vater" Raiffeisen auf. Die Fans der Genossenschaftsidee haben im nächsten Schritt definiert, was sie so genial an Raiffeisens Erfindung finden. Und im dritten Schritt haben sich die Fans überlegt, was die nächsten Ziele des Klubs sein könnten: Fanschals bedrucken? Fahnen kaufen? Nun, zumindest nicht ausgeschlossen, aber die R+V-Versicherungsmitarbeiter wollen auf jeden Fall Botschafter der Genossenschaftsidee sein. Das gefällt mir sehr, denn überzeugter Geno-Botschafter bin ich ja auch.

Ein Song für Raiffeisen

Ich treffe mich mit Arnhold Budick auf dem Kanonenplatz am Schlossberg über den Dächern von Freiburg im Breisgau. Dort, auf dem Balkon der Schwarzwaldstadt, wird schon lange nicht mehr geschossen und auch Budick ist in friedlicher Absicht gekommen. Der pensionierte Bankchef der ehemaligen Volksbank Schwarzwald-Neckar hat eine ganz besondere Idee zum Jubeljahr des Genossenschaftsgründers gehabt – einen Song für Raiffeisen. Der Ex-Bankier aus Schramberg versteht die CD mit dem Titel „Die Welt zuerst" als einen „Weckruf für die Menschheit". Budick schenkt mir ein Exemplar der CD, die von der heutigen Volksbank Schwarzwald-Donau-Neckar finanziert wurde. Der Text stammt von Arnhold Budick, der die bankgenossenschaftliche Karriereleiter vom Bankazubi bis zum Vorstandsvorsitzenden durchlaufen hat. Im Text des Liedes werden viele aktuelle Missstände in der Welt thematisiert. Aber die genossenschaftlichen Prinzipien könnten – so die Botschaft des Songs – die Lösung sein. Allerdings sind nicht nationale Lösungen gefragt, sondern die ganze Welt muss aufwachen. Der Song „Die Welt zuerst" ist als praktisches Beispiel gedacht, als Zeichen und Aufruf, durch gesammelte Spenden die Not zu lindern. Die musikalische Präsentation übernahmen Profimusiker aus der Region Schramberg. Mein Tipp: Einfach mal bei YouTube reinhören.

Kühe ohne Mühe

Eine Kuh macht Muh, viele Kühe machen Mühe. Milchbauer Lübben aus Edewecht bei Oldenburg klickt allerdings sehr entspannt an seinem Computer und zeigt mir die Milchergebnisse seiner Kühe. Die 173 (hat die arme Kuh denn keinen richtigen Namen, Elsa oder Dorothea oder so?) hält den Rekord des Tages: 55 Liter Milch. Zur Belohnung bekommt 173 mehr Kraftfutter als die anderen Milchkühe von Bauer Lübben. Der Milchbauer ist seit Ewigkeiten Genossenschaftler beim DMK, dem Deutschen Milchkontor, das die gute Milch für zum Beispiel die Produkte von Milram liefert. Lübben hat vor einigen Jahren seinen Betrieb voll automatisiert. Die Kühe bekommen automatisch ihre individuellen Futterrationen (wie gesagt, 173 darf etwas mehr fressen, sie liefert eben die meiste Milch) und der Melkvorgang funktioniert auch automatisch. „Mit Handarbeit ist nicht mehr so viel", sagt Lübben. Die Kühe stellen sich in eine Box, eine Kamera sucht mit roten Lasersensoren die Zitzen und los gehts. 24 Stunden läuft die Melkanlage und Bauer Lübben betont, dass das äußerst tiergerecht sei. Denn die Kuh lässt sich selbstbestimmt melken, wenn der Euter voll ist, und nicht dann, wenn der Bauer es will. Und auch nicht zwingend zweimal am Tag, sondern bis zu viermal. Das entspricht dem Slogan von Milram: „Wir lieben unsere Kühe."

Die vier Milchmusketiere

So regional wird im Oldenburger Land Käse gemacht: Vom Milchbauern zur MILRAM-Zentrale sind es nur ein paar Schritte. Um den Wanderanteil meiner Raiffeisen-Tour zu erhöhen, fährt die Milch mit dem Milchlaster, ich gehe mit zwei Genossenschaftsfunktionären und einem Milchmanager zu Fuß. Sozusagen die vier Milchmusketiere: einer für alle, alle für einen, Raiffeisen pur. Ich möchte die Aufmerksamkeit des Lesers auf das Ortsschild lenken. Edewecht ist unser Ziel, da steht die MILRAM-Zentrale. Unser Start war bei Milchbauer Lübben in Jeddeloh I. Als ich dieses Ortsschild sah, hüpfte mein Fußballfan-Herz. Denn die Erfolgsgeschichte von Jeddeloh II begeistert die gesamte Republik. Der Dorfverein hat es in wenigen Jahren ohne Megasponsor bis in die Regionalliga geschafft und fordert dort unter anderem den „großen" VfL Oldenburg heraus. Die Gegner von Jeddeloh II fragen oft entgeistert: „Wenn ihr schon so gut seid, wo spielt dann eure erste Mannschaft, Jeddeloh I?" Für Nichtfußballfans: Normalerweise bezeichnen die römischen Ziffern eines Vereins die leistungsmäßige Rangfolge. Aber Jeddeloh I und Jeddeloh II sind zwei verschiedene Dörfer, vier Kilometer entfernt. Aber, so sagte man mir, im Oldenburger Land spart man gerne am Unnötigen – wie zum Beispiel an Ortsnamen. Wer „moin, moin!" sagt, ist schon eine Plaudertasche.

Gut geht es Dänen

Gut geht es Dänen und denen, denen Dänen nahestehen. Der alte Spruch von Wolfgang Neuss bestätigt sich. Denn als ich mich mit dem dänischen Betriebsleiter John Faurholdt unterhalte, stimmt er zu, gemeinsam mit mir in die Produktionshallen von MILRAM zu gehen. Um den genossenschaftlichen Käse anzuschauen, müssen wir uns vermummen, als wären wir in einem Institut für Kerntechnik. Aber Lebensmittelherstellung ist natürlich immer ein Hochsicherheitsbereich, was die Hygiene angeht. Also Überzieher über die Schuhe, Kappe auf, Schutzanzug und Mundschutz an, alles schön mit Desinfektionsmitteln einsprühen, und schon gehen wir in die riesige Produktionshalle. Wir stehen an einem Produktionsband, an dem der Käse in Scheiben vom Laib geschnitten wird. In diesem Produktionsprozess werden, das deute ich ja auch mit meiner Handbewegung an, die Löcher in den Käse gestanzt. Wenn ich das richtig verstanden habe, denn es ist sehr laut in der Halle. Was ich mit Sicherheit richtig verstanden habe: John Faurholdt ist ein absoluter Genossenschaftsfan. Schon der elterliche Betrieb in Dänemark war genossenschaftlich organisiert. Der Däne in Oldenburg kann sich gar nicht vorstellen, anders zu arbeiten als für die Interessen der beteiligten Milchbauern.

„Ich gehöre Ihnen!"

Es ist ein weiterer Baustein in der deutschen Genossenschaftswelt: Ich fahre nach Schwäbisch Hall. Wer den Namen dieses Ortes hört, denkt sofort: Bausparkasse. Mit 7,3 Millionen Kunden sogar die größte Deutschlands. Ich wundere mich: Ach was, die sind auch Genossenschaft? Kein Zweifel, denn ich treffe Vorstand Alexander Lichtenberg an einer Raiffeisen-Büste in der Hauptverwaltung des Unternehmens. Gegründet wurde die Bausparkasse 1931 von Kölner Handwerkern, von Anfang an gab es eine enge Zusammenarbeit mit den Volks- und Raiffeisenbanken. Zum Ende des Zweiten Weltkriegs verlegte man die Zentrale nach Schwäbisch Hall. Das schwäbische Naturell passt auch noch besser zum Bausparen als das rheinische. Aber, die Gretchenfrage geht an Alexander Lichtenberg: Wie kann ich denn überhaupt Genossenschaftler bei Schwäbisch Hall werden? Das ist nicht so einfach. Prinzipiell gehört die Bausparkasse zur Finanzgruppe der DZ BANK. Und die DZ BANK wiederum gehört den über 900 Volks- und Raiffeisenbanken in Deutschland. Das bedeutet: Wenn man Anteile an einer VR-Bank hat, ist man auch an Schwäbisch Hall beteiligt. Mit zittrigen Händen fingere ich aufgeregt meine VR-Kundenkarte hervor. Lichtenberg grinst und zieht das Fazit: „Ich gehöre Ihnen!"

Der Schneewittchensarg

In der Zentrale von Schwäbisch Hall befindet sich in der Ausstellung über die Geschichte der Bausparkasse ein cremefarbener VW-Bully. Dieses Fahrzeug ist nicht für die Ausstellung konzipiert worden, es ist vielmehr ein Original-Reklamegefährt der 1950er-Jahre. „Intern wurden die Bullys Schneewittchensärge genannt", erklärt Vorstand Alexander Lichtenberg. Die mobile Bausparkassenreklame fuhr zu Dorffesten und Bauherrenveranstaltungen. Die bauwilligen Wirtschaftswunderkinder drückten sich die Nasen an der Glasscheibe des Schneewittchensarges platt. Vor ihren Augen stand ein Modell ihres Traumhauses, der Slogan „Ein Haus baut das andere" überzeugte die Bevölkerung. Lichtenberg formuliert es sehr modern: „Wir sind die weltgrößte Crowdfunding-Community." Wenn man schlau war oder ist, spart man sein Geld nach dem Schwäbisch-Hall-Prinzip. Die Gegend um Schwäbisch Hall ist hügelig und waldreich. Ich stelle mir vor, dass man sich in diesen Wäldern einfach einen Reineke geschnappt hat, dann hat man dem ein gelbes T-Shirt mit vier roten Steinen angezogen, fertig war der Bausparfuchs. Plötzlich habe ich, neben dem Bully stehend, einen Geistesblitz. „Wie wäre es mit dem Werbeslogan ‚Auf diese Steine können Sie bauen'?" Lichtenberg ist begeistert.

Ein Fuchs geht mit der Mode

Der schlaue Fuchs ist einer der 6.600 Mitarbeiter der Schwäbisch Hall, seit 1975 ist er exklusiv für die genossenschaftliche Bausparkasse unterwegs. In seiner jahrzehntelangen Geschichte als Werbefigur für das Bausparen hat er viele unterschiedlichen Brillen getragen. Er war mal nackt, meistens aber angezogen. Er hat, je nach Mode, Schlaghosen oder Röhrenjeans getragen. Und der Schwäbisch-Hall-Fuchs ist bekannt wie ein bunter Hund oder besser gesagt wie ein bunter Fuchs – 90 Prozent kennen ihn. Woher ich das alles weiß? Nun, Karin Kaiser, die Chefin des Markenmanagements hat mir das Markenhaus des Unternehmens gezeigt. Dort erfährt man alles über den Fuchs, aber auch über die Werte, also die genossenschaftlichen Wurzeln. Das Markenhaus ist wie ein reales Haus konzipiert, es gibt ein Sofa, ein Wohnzimmer, eine Kochzeile. Wir stehen mit dem Fuchs vor der Küche mit Dunstabzugshaube, ich habe einen großen Topf in der Hand. Was gibt es wohl heute? Bausparsuppe? Falsch: Wenn ich den Topf, auf dem „Markenkontaktpunkte" steht, auf die Herdplatte stelle, also einen „Kontakt" herstelle, sehe ich die Möglichkeiten, mit der Marke „Schwäbisch Hall" in Kontakt zu kommen – Werbespots, Plakate, Beratung vor Ort. Wenn ich schlau wie der Bausparfuchs wäre, würde ich sofort ins Markenhaus einziehen.

Da bin ich dabei

Die Gründungen von Energiegenossenschaften in ganz Deutschland verdeutlichen, wie modern die Idee Raiffeisens ist. Im Zuge der Energiewende entstanden zahlreiche Genossenschaften, die Windkraftanlagen und Sonnenenergiefelder betreiben. So ist das auch in Bützow, einem Ort im Kreis Rostock in Mecklenburg-Vorpommern. Ich treffe an einem Solarmodul Rolf Bemmann, Aufsichtsrat der Norddeutschen Energiegemeinschaft. Er erklärt mir das Erfolgskonzept seiner Genossenschaft. Die EEG(Erneuerbare-Energien-Gesetz)-Umlage spürt jeder Deutsche auf seiner Stromrechnung – der Strom ist im Zuge des Kampfes gegen Atomkraft und Klimawandel spürbar teurer geworden. Wenn man aber als Genossenschaftler Mitglied bei einer Energiegenossenschaft ist, wird man an dem Gewinn der alternativen Energieträger beteiligt. Das sind bei der Norddeutschen Energiegemeinschaft in den letzten Jahren immer über vier Prozent Rendite gewesen. Ich werde hellhörig. Vier Prozent Rendite in Zeiten des Nullzinses sind doch genial! Kann ich denn als Saarländer, also als knapp Nichtnorddeutscher, Mitglied bei der mecklenburgischen Genossenschaft werden? „Sie sind gerne willkommen", sagt Bemmann. Einzige Einschränkung: „Mehr als 100.000 Euro geht nicht." Na gut, dann fange ich mal fürs Erste mit 500 Euro an.

Siloanordnung Saatgutaufbereitung Großengottern

Julia, Colonia und Faustus

Auf meiner Raiffeisen-Tour 2018 besuche ich das thüringische Großengottern. Schon von Weitem können wir die hohen Türme mit der Aufschrift „Raiffeisen" sehen. Der Betrieb gehört zu Raiffeisen Waren, einem der sechs großen deutschen genossenschaftlichen Agrarunternehmen mit über 125-jähriger Tradition. Die Zentrale von Raiffeisen Waren befindet sich in Kassel, der Konzern ist aber in acht Bundesländern vertreten. Raiffeisen Waren handelt mit Getreide, genauso mit Futtermittel, Kartoffeln, Baustoffen, Energie. Aber in Großengottern wird im großen Stil Saatgut produziert. Ich bin erstens beeindruckt, wie lange man die endlosen Metalltreppen hinauf in den Turm steigen muss, das zwickt in den Waden. Und zweitens staune ich im Kontrollraum des Saatgutbetriebs, wie viele Sorten es gibt. Ich kannte nur den Unterschied zwischen Weizen, Gerste, Hafer. Aber die Raiffeisen Waren bietet unter anderem Wintergerste in den Sorten Anja, Quadriga, Ellen, Jule, California, Sandra, Yvonne an. Die Wintergerste ist eher weiblich orientiert, wogegen der Winterweizen härtere, männlichere Namen hat: Bonanza, Bosporus, Colonia, Tobak, Faustus. Es kommt wahrscheinlich darauf an, ob ein Winter mild oder eher streng ist, welches Saatgut man als Landwirt bevorzugt.

Ein Bekenntnis zu Raiffeisen

Ich stehe mit Herrn Ehrhardt, dem Marketingleiter der Raiffeisen Waren, auf einem Versuchsfeld in Thüringen. Auf dem Schild, das das Versuchsfeld bezeichnet, ist der Name „Raiffeisen" gut zu erkennen. Nicht ganz so gut zu erkennen ist der Schriftzug „Raiffeisen" auf dem Hemdkragen von Herrn Ehrhardt, mir ist er aber direkt aufgefallen. Und ich habe mich gefreut, denn genauso, wie Trainer in einer TV-Talkrunde ihren Sponsor am Hemdkragen präsentieren, machen das eben auch die Mitarbeiter von Raiffeisen Waren. Herr Ehrhardt sagt: „Wir haben als Raiffeisen Waren schon immer den Namen getragen. Und das soll auch so bleiben." Ich finde es einfach schön, dass die Agrargenossenschaft aus Kassel Flagge zeigt. Denn bei vielen Agrarkonzernen mit genossenschaftlichen Strukturen ist der Namen „Raiffeisen" verschwunden, sie heißen AGRAVIS oder BayWa. Auch bei Schwäbisch Hall, REWE oder EDEKA würde kein Mensch vermuten, dass sie genossenschaftliche Wurzeln haben. Bei anderen ist das Wort „Raiffeisen" schon lange abgekürzt worden: Bei der RWZ, der R+V Versicherung, den VR-Banken. Aber die Raiffeisen Waren ist stolz auf ihren Namen, und da ich seit der Raiffeisen-Tour Geno-Fan bin, habe ich bei Ehrhardt ein zartblaues Hemd in XL mit dem schönen Aufdruck am Kragen bestellt. Das werde ich an hohen Feiertagen tragen.

Gemeinsam die Zukunft rocken

Normalerweise sollte man sich nicht dabei erwischen lassen, in der ersten Reihe zu tuscheln, das machen nur die ungezogenen Buben. Aber man kann sich ehrlich gesagt nicht des Eindrucks erwehren, dass die Bankwirtschaftliche Tagung (BWT) ein wenig wie ein Klassenausflug ist. Einmal im Jahr treffen sich alle Vorstände der genossenschaftlichen Banken zur BWT in Berlin. Es gibt ein Konferenzprogramm mit Vorträgen nationaler und internationaler Referenten mit bankwirtschaftlichen Themen, aber auch reichlich zwischenmenschlichen Austausch. Und manchmal eben auch in der ersten Reihe zwischen Werner Böhnke, Vorsitzender der Deutschen Friedrich-Wilhelm-Raiffeisen-Gesellschaft, und dem Genossenschaftsfan Andrack. Nach einem Vortrag sammle ich Geburtstagsglückwünsche für Friedrich Wilhelm Raiffeisen zu seinem 200. Geburtstag. Norbert Rollinger, Vorstandsvorsitzender der R+V Versicherung, schickt kölsche Grüße in den Westerwald: „Lewwe Friedrisch Wilhelm (der Kölsche an und für sich duzt sehr gerne), isch jrösse disch janz hätzlisch uss Kölle." Da fehlt nur noch ein dreifaches Kölle Alaaf. Aus der Mitte Deutschlands, der Region Altmark-Wendland, gibt es für Raiffeisen das Lob: „Echt Fetze!" Und sehr schön finde ich dieses Statement: „Du bist der jüngste 200-Jährige, lass uns gemeinsam die Zukunft rocken."

Wir sind die Nummer eins!

„Friedrich Wilhelm Raiffeisen wäre zufrieden mit uns", sagt Marija Kolak selbstbewusst. Sie ist Präsidentin des Bundesverbandes der Deutschen Volksbanken und Raiffeisenbanken, die erste Frau in leitender Position bei dem Verband, der 915 Volksbanken und Raiffeisenbanken bundesweit vertritt. „Wir haben die Ehre, für die gesamte Finanzgruppe sprechen zu dürfen", sagt Frau Kolak. Und sie muss mich wegen meiner Unkenntnis korrigieren. Denn die DZ BANK steht nicht ÜBER diesen 915 Banken, denn diese sind als einzelne Unternehmen rechtlich selbstständig. Die DZ BANK wird daher „Zentralbank" genannt, sie übernimmt FÜR die 915 Banken Aufgaben, die sie wegen ihrer Größe nicht stemmen könnten. Ich habe manchmal das Gefühl, dass in der genossenschaftlichen Bankenwelt ein gewisses Understatement üblich ist. Daher finde ich es toll, dass Frau Kolak Klartext redet: „Wir sind die profitabelste und ertragreichste Finanzgruppe in Deutschland – wir sind die Nummer eins!" Das ist auch ein Erfolg der 18,4 Millionen genossenschaftlichen Mitglieder der Geno-Banken. Schließlich entdecke ich eine Gemeinsamkeit zwischen Frau Kolak und mir. Auch sie ist in ganz Deutschland genossenschaftlich unterwegs: „Es ist mir ein großes Bedürfnis, hinauszufahren." Wir sind beide als Raiffeisens Botschafter unterwegs.

Die Genossenschaft der Apotheker

Siehe da, auch Apotheker haben eine Genossenschaft. Ich habe mir nie Gedanken darüber gemacht, woher meine Apotheke so schnell die Arzneimittel bekommt, die ich dringend benötige. Im Zweifelsfall ist da die NOWEDA im Spiel, die in Essen ihre Hauptverwaltung hat. Der Firmenname NOWEDA ist die Abkürzung für Nordwestdeutsche Apothekergenossenschaft und zeigt, wo die Genossenschaft ihren Ursprung hat. Eigentlich müsste die Abkürzung dann ja NOWEDAAPGE heißen. Okay, belassen wir es bei NOWEDA. Ich treffe mich mit dem Vorstandsvorsitzenden Dr. Michael P. Kuck und erfahre, dass 9.200 Apotheker Mitglied bei der Genossenschaft sind. Es ist unglaublich, wie sehr das Unternehmen in den letzten beiden Jahrzehnten gewachsen ist. Seit Ende der 1990er-Jahre hat sich der Umsatz verfünffacht. Für Kuck ist es eigentlich logisch, dass immer mehr Apotheker gerne mit einem Unternehmen zusammenarbeiten, das ihnen gehört. Denn so profitieren sie doppelt von der NOWEDA: durch die zügige Medikamentenlieferung und die Teilhabe an der enormen Umsatzsteigerung. Kuck formuliert es so: „Alles, was hier erwirtschaftet wird, gehört den Apotheken." Außerdem vertritt die Apothekergenossenschaft politisch die Interessen ihrer Mitglieder, zurzeit vor allem gegen die Onlineapotheken, die aus Essener Sicht nicht mehr als bloße Medikamentenlieferanten sind. Denn die Apotheke vor Ort ist mehr und kann mehr, davon ist man bei der NOWEDA überzeugt.

Wenn die blauen Wannen heiraten

Ich schaue mir mit Dr. Kuck, dem NOWEDA-Chef, das Auslieferungszentrum an, mit 11.865 Quadratmetern eines der größten in Europa. Dabei ist die NOWEDA Essen nur eine von 21 Niederlassungen in Deutschland. Für die schnelle Bearbeitung der Bestellungen ist ein dichtes Netz von Arzneimittel-Logistikzentren notwendig. Die Bestellungen kommen online aus den Apotheken, die Lieferscheine werden ausgedruckt. Dann wird es feierlich, wenn der Lieferzettel mit einer blauen Medikamentenwanne verheiratet wird, so die interne Bezeichnung. Der Zentralrechner steuert die Wannen dann automatisch zu den Medikamenten. Es ist wie bei einer Modelleisenbahn – ich könnte stundenlang zuschauen, wie sich die Wannen über die Bänder bewegen und die Weichen wie von Geisterhand gestellt werden. Manche Wannen werden von Mitarbeiterinnen befüllt. Die haben ein Gerät am Arm, mit dem man kontrollieren kann, dass auch das richtige Medikament in der Wanne liegt. Vieles ist im NOWEDA-Auslieferungszentrum automatisiert. Aber rund 500 Mitarbeiter sorgen dafür, dass das richtige Medikament in die richtige Wanne kommt, dann zur richtigen Apotheke und so auch zum richtigen Patienten. Aber wer liefert denn nun aus? Vielleicht kann ich ja helfen.

Viribus unitis

Bevor ich meine erste Wanne für NOWEDA ausliefere, macht mir der Vorstandsvorsitzende Dr. Kuck ein Geschenk für meinen Raiffeisen-Tour-Wanderrucksack. Etwas zu trinken kann man auf einer langen Wanderung immer gebrauchen, also freue ich mich sehr über die Flasche Sekt. Entscheidend ist die Aufschrift in geschnörkelten Buchstaben: „viribus unitis". Gott sei Dank habe ich das große Latinum, deswegen ist klar, dass „viribus" etwas mit Kraft zu tun hat. Und „unitis" hat etwas mit einer Vereinigung zu tun, man kennt ja auch Manchester United. Für alle Grammatikfreaks: „viribus" ist der Ablativ Plural von „vis", die Kraft. „unitis" ist das Partizip Perfekt Passiv von „unire" im Ablativus instrumentalis. Übersetzt: mit vereinten Kräften. Klar, man kann es schön auf Latein, der Sprache der Apotheker und Ärzte, ausdrücken. Aber Friedrich Wilhelm Raiffeisen hat es verständlicher formuliert, sozusagen auf Raiffeisenisch: „Was einer allein nicht schafft, das schaffen viele." Nun habe ich neben vielen anderen Genossenschaftsgeschenken – darunter erstaunlich viele alkoholische Getränke – auch den edlen Schaumwein der NOWEDA im Rucksack. Das hilft aber nicht der Nordstern-Apotheke in Essen-Karnap, die brauchen eine richtige Medikamentenlieferung.

Welches Medikament hilft dagegen?

Doris Schönwald erwartet mich schon in ihrer Apotheke. Ich bin erleichtert, denn die blaue Wanne mit ihren Medikamenten ist noch im Zeitlimit angekommen. Die NOWEDA verspricht: Zwischen der Bestellung der Apotheke und der Übergabe der Wanne sollen nicht mehr als zwei Stunden vergehen. Und diesen Service gibt es viermal am Tag! Der Patient, erklärt mir Frau Schönwald, holt sich dann das Medikament in der Apotheke oder bekommt es sogar ans Krankenbett geliefert. Doris Schönwald ist Genossenschaftlerin aus Überzeugung: „Ich finde, dass der Genossenschaftsgedanke sehr gut zum Gemeinwohlauftrag von Apotheken passt – wir sind gegenüber den Patienten verantwortlich." Zu diesem Gemeinwohlauftrag passt eben, so sieht das Frau Schönwald, nicht das Primat von Shareholder-Value. Die Chefin der Nordstern-Apotheke war auf jeden Fall zufrieden mit meinen Lieferdiensten. Und so bin ich noch zur Essener Schwanhilden-Apotheke gefahren. Das Geschwisterpaar Stütz berät dort (schon in der vierten Generation!) die Patienten und versorgt sie mit Medikamenten, die die NOWEDA verlässlich anliefert. Auch die Geschwister Stütz sind leidenschaftliche Genossenschaftler. Und ich sehe nach meinem Tag bei der NOWEDA auf jeder Straße nur noch die Fahrzeuge dieser Apothekergenossenschaft mit dem blau-roten Logo. Mal eine Frage: Welches Medikament hilft dagegen?

Die Weiberwirtschaft

Besuch beim größten Gründerinnenzentrum Europas. Ich treffe in einem der Innenhöfe der weiblichen Genossenschaft in Berlin-Mitte Dr. Katja von der Bey, Vorständin und Geschäftsführerin der Weiberwirtschaft eG. 1989 wurde die Genossenschaft von 17 Frauen gegründet. Die Idee war und ist, Frauen zu unterstützen, die sich selbstständig machen wollen. Mittlerweile sind es 2.000 Genossenschaftlerinnen, die 65 Gründerinnen unterstützen. Katja von der Bey betont, dass die Genossenschaftlerinnen das nicht aus Renditegründen machen, sondern um andere Frauen zu unterstützen: Solidarität und Idealismus statt Profitgier. Inzwischen ist ein buntes Firmenkonglomerat in den drei Höfen entstanden, mit Kita und Gastronomie. Und vor allem mit den Gründerfrauen, die von Physiotherapie über Goldschmiedekunst (siehe nächste Doppelseite) bis zu künstlerisch wertvollen Grabsteinen sozusagen alles anbieten, was frau im Leben braucht – von der Wiege bis zur Bahre. Mich interessiert, ob ich als Mann eine Chance habe, einen Genossenschaftsanteil zu erwerben. Klare Antwort: Nein! Das finde ich etwas diskriminierend. Aber Frau von der Bey weist darauf hin, dass es sich eben um ein feministisches Projekt handele. Ich könne ja meiner Frau, meiner Tochter oder meiner Großtante Anteile schenken, das ginge. Eigentlich eine gute Idee.

Wie eine Familie

„Es fühlt sich an wie eine Familie, man hilft sich gegenseitig." Goldschmiedin Stella Khauyeza ist total begeistert vom Konzept der Weiberwirtschaft. Und das, obwohl sie erst seit einem Monat Genossenschaftlerin ist, wenige Tage vor meinem Besuch hatte sie Vernissage. Sie ist froh, dass Genossenschaftschefin von der Bey ihr Konzept interessant fand. Frau Khauyeza weiß, dass es mit einem Sechser im Lotto vergleichbar ist, einen Raum bei der Weiberwirtschaft anmieten zu können. Die Warteliste ist lang, weswegen das gesamte Gründerinnenzentrum eine neue Immobilie sucht. Die Goldschmiedin profitiert in ihrem ersten Jahr als Weiberwirtschaftlerin vom sogenannten Milchmädchentarif und zahlt eine sehr geringe Miete für ihre Werkstatt und den Ausstellungsraum. Für ihr Unternehmen Stella InJewel erhofft sich Khauyeza, von den zahlreichen Veranstaltungen der Weiberwirtschaft profitieren zu können. Die kunstvolle Gummikette, die mir die Goldschmiedin umhängt, ist übrigens nicht von ihr selber. Es ist ja Gummi und nicht Gold. Mich erinnert das Schmuckstück an eine würdevolle Bürgermeisterkette. Ich fühle mich als Raiffeisen-Botschafter und Genossenschaftsfan geehrt. Ein großartiger Abschluss meiner Raiffeisen-Tour durch ganz Deutschland.

Das Glossar

RAIFFEISENS LEBEN
- Hamm an der Sieg — 11, 15, 17, 19
- Euterpia — 135
- Weyerbusch — 21, 23, 25
- Flammersfeld — 27, 29, 31
- Heddesdorf (Neuwied) — 33, 35, 37

DIE GENOSSENSCHAFTEN

Agrargenossenschaften
- AGRAVIS — 53, 55, 57, 59, 61
- BayWa — 149, 151, 153, 155, 157, 159
- RWZ — 45, 47, 113, 115, 117, 119, 121
- ZG Raiffeisen — 89, 91
- Raiffeisen Waren — 191, 193

- Apothekergenossenschaft (NOWEDA) — 199, 201, 203, 205
- Ärztegenossenschaft (Bad Segeberg) — 125, 127
- Bauspargenossenschaft (Schwäbisch Hall) — 183, 185, 187
- Brauereigenossenschaft (Oberhaching) — 49, 51
- Carsharing-Genossenschaft (Lübeck) — 123

Einkaufsgenossenschaften
- REWE/PETZ — 103, 105, 107
- REWE Richrath — 109, 111

- Energiegenossenschaft (Bützow) — 189

Genossenschaftsbanken
- Westerwaldbank — 63, 65, 67
- Raiffeisenbank Oldenburg — 161
- Volksbank Trier — 131, 133
- Bankwirtschaftliche Tagung — 195, 197

- Gründerinnengenossenschaft (Weiberwirtschaft) — 207, 209
- Mediengenossenschaft (taz) — 85, 87

Molkereigenossenschaften
- Schwarzwaldmilch — 69, 71, 73, 75, 77
- Deutsches Milchkontor — 177, 179, 181

- Schülergenossenschaft — 97
- Versicherungsgenossenschaft (R+V) — 163, 165, 167, 169, 171, 173
- Winzergenossenschaft (Mayschoß) — 39, 41
- Wohnungsbaugenossenschaft (Hobrechtsfelde) — 79, 81, 83

UND DIE GENOSSENSCHAFTSFANS
- Schlenkerle — 147
- Karl Marx — 131, 133
- Fans der Genossenschaft — 173
- Akademie Deutscher Genossenschaften — 137, 139, 141, 143
- Raiffeisen-Campus — 95, 97
- Raiffeisen-Song von Arnhold Budick — 175
- Raiffeisen-Kopf von Erich Ruppert — 145
- Hermann Schulze-Delitzsch — 99, 101
- und unser Bundespräsident — 31

Die Raiffeisen-Tour 2018

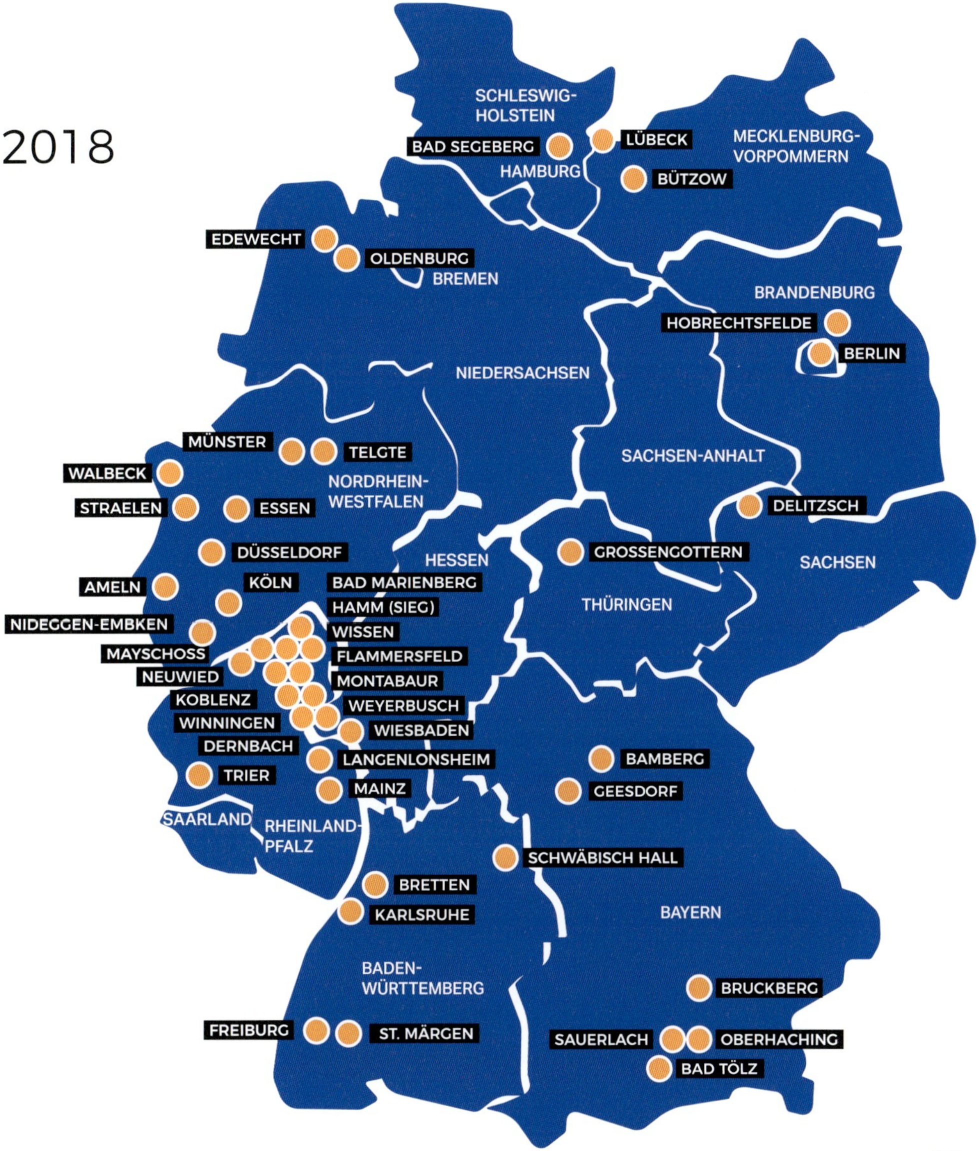

Der Autor – Manuel Andrack

Manuel Andrack wurde 1965 in Köln geboren und machte in der Domstadt auch seinen Magister Artium. Leider wurde er in seiner Heimatstadt auch vom lebenslangen Virus infiziert, Effzeh-Fan zu sein. Nicht immer vergnügungssteuerpflichtig. Jahrelang saß Andrack als Sidekick bei Harald Schmidt, bevor er sich mit einigen Publikationen als einer der großen Wanderexperten Deutschlands etablierte. Andrack ist verheiratet, lebt und arbeitet seit zehn Jahren im Saarland und auf den deutschen Wanderwegen. 2018 wurde er auf einer beeindruckenden Bildungsreise Raiffeisen-Fan.

Die Fotografin – Juliane Herrmann

Die Wahlkölnerin Juliane Herrmann hat Fotografie in Dortmund und Breda (Niederlanden) studiert. 2014 schloss sie ihr Studium mit einem Master of Photography ab und arbeitet seitdem als freischaffende Dokumentarfotografin. Herrmann ist fasziniert von gesellschaftlichen Phänomenen, die sich durch die Konservierung von Idealen und Traditionen auszeichnen – so hat sie beispielsweise fünf Jahre die geschlossene Gesellschaft der Freimaurer dokumentiert. 2017 publizierte sie ihre freie Arbeit „Man among Men" als Fotobuch im renommierten niederländischen Verlag Lecturis. Im Auftrag der Deutschen Friedrich-Wilhelm-Raiffeisen-Gesellschaft begleitete sie Manuel Andrack auf Schritt und Tritt bei seiner Raiffeisen-Tour und entlockte ihm so manches ungewöhnliche Bild.

Als Herrmann bei einer Etappe verhindert war, wurde sie von ihrer Kollegin Karolin Klüppel vertreten.

Bildnachweise

Juliane Herrmann: Umschlag, S. 10 – 28, 32 – 40, 44 – 192, 198 – 204
Karolin Klüppel: S. 194, 196, 206, 208
Manuel Andrack: S. 6, 8, 42
Videostil Guido Kulecki: S. 30
Andreas Eder: S. 213